業種別
エキスパート
経営分析

公認会計士・税理士
都井清史 [著]

一般社団法人 **金融財政事情研究会**

はじめに

　本書は、一般社団法人金融財政事情研究会において2015年5月より新たに実施される検定試験「法人営業力強化　業種別エキスパート」の参考図書として誕生した本です。

　一般社団法人金融財政事情研究会で行われている、他の財務関係の試験との整合性や連動性を図りながら、金融機関の与信取引先について、業種別の観点からその特徴を明らかにすることを目的としています。

　内容的には基礎から応用までを網羅していますが、すでに財務分析の基礎知識をお持ちの方は、その部分について省略して読んでいただいてもまったくさしつかえありません。

　また、「業種別エキスパート」を受験されない方にも、融資渉外業務において参考となる内容となっています。

　業界知識の習得は、金融機関における融資渉外業務において、取引先企業に対する事業性の評価や、コンサルティング機能を十分に発揮するためにも必要不可欠といえます。

　本書を通じて各業界がどのような状況に置かれているかを知っていただければ幸いです。

2015年3月

都井　清史

目　次

第1章　経営分析指標等の全体像

1　収益性分析…………………………………………………………………3
　(1)　大企業では比率分析、中小・零細企業では実数分析が中心…………3
　(2)　粉飾部分の修正を行ってから分析を行う………………………………4
　(3)　利益の金額や各種分析比率等の読取りに注意する……………………4
　(4)　資本利益率の意味と種類…………………………………………………5
2　安全性分析…………………………………………………………………13
　(1)　資本構成の分析……………………………………………………………13
　(2)　資産構成の分析……………………………………………………………14
　(3)　流動資産と流動負債の相互関係の分析（短期的安全性）……………15
　(4)　固定資産と株主資本（自己資本）の相互関係の分析（長期的安全性）……………………………………………………………………………31
　(5)　回転期間と回転率の意味…………………………………………………32
3　生産性分析…………………………………………………………………46
　(1)　生産性とは…………………………………………………………………46
　(2)　生産性の種類………………………………………………………………46
　(3)　労働生産性…………………………………………………………………47
　(4)　資本生産性…………………………………………………………………47
　(5)　付加価値とは………………………………………………………………48
　(6)　付加価値による生産性の分析……………………………………………50
　(7)　労働生産性の分解…………………………………………………………53
　(8)　労働分配率の分析…………………………………………………………55
4　成長性分析…………………………………………………………………57

(1) 分析手法……………………………………………………57
　(2) 指標の選択…………………………………………………57
　(3) 他社比較・業界比較の併用………………………………58
5　その他の分析…………………………………………………59
　(1) 剰余金の分配の分析………………………………………59
　(2) いわゆるキャッシュフロー………………………………60
6　粉飾決算の兆候と経営分析指標……………………………62
　(1) 少額の利益、少額の資本（純資産）を計上していないか……62
　(2) 損益計算書の営業利益から経常利益までに着目………64
　(3) たな卸資産と減価償却費の増減に着目…………………66
　(4) 売上高の内訳に着目………………………………………67
7　粉飾決算の実例………………………………………………69
　(1) 平成12年2月期……………………………………………69
　(2) 平成13年2月期……………………………………………73

第2章　業種別経営分析

1　建　設　業……………………………………………………77
　(1) 全体の業況…………………………………………………77
　(2) 業種の特徴…………………………………………………78
　(3) 建設業におけるKFS………………………………………82
　(4) 建設業の経営分析指標……………………………………83
　(5) 倒産会社の事例……………………………………………86
　(6) その他関連業種のポイント………………………………94
2　不動産業………………………………………………………96
　(1) 全体の業況…………………………………………………96
　(2) 業種の特徴…………………………………………………96

	(3) 不動産業におけるKFS	97
	(4) 不動産業の経営分析指標	99
	(5) 倒産会社の事例	102
	(6) その他関連業種のポイント	104
3	小　売　業	107
	(1) 全体の業況	107
	(2) 業種の特徴	107
	(3) 小売業におけるKFS	108
	(4) 小売業の経営分析指標	108
	(5) その他関連業種のポイント	112
4	システム開発業	122
	(1) 全体の業況	122
	(2) 業種の特徴	122
	(3) システム開発業におけるKFS	123
	(4) システム開発業の経営分析指標	124
	(5) システム開発業での粉飾決算	126
	(6) 倒産会社の事例	131
5	ホテル業	141
	(1) 全体の業況	141
	(2) 業種の特徴	141
	(3) ホテル業のKFS	142
	(4) ホテル業の経営分析指標	143
	(5) その他関連業種のポイント	145
6	その他の業種	147
	(1) パチンコ店	147
	(2) 有料老人ホーム	148
	(3) 歯　　科	148

- (4) 学習塾……………………………………………………149
- (5) クリーニング店……………………………………………150
- (6) 結婚式場……………………………………………………151
- (7) 一般廃棄物処理業…………………………………………151
- (8) リース業……………………………………………………152
- (9) カラオケボックス…………………………………………153
- (10) 中小書店……………………………………………………153
- (11) 食品卸売業…………………………………………………154
- (12) 人材派遣業…………………………………………………155
- (13) 美容外科……………………………………………………156
- (14) 印刷業………………………………………………………157
- (15) 食肉加工業…………………………………………………158
- (16) 介護老人福祉施設（特別養護老人ホーム）……………159

[参考図書]

拙著　『KINZAIバリュー叢書　粉飾決算企業で学ぶ　実践「財務三表」の見方』
　　　（金融財政事情研究会）
同上　『KINZAIバリュー叢書　会社法による決算の見方と最近の粉飾決算の実例解説』（同上）
同上　『コツさえわかればすぐ使える粉飾決算の見分け方』（同上）
『第12次業種別審査事典』（同上）
通信教育テキスト　『3カ月マスター財務コース』（きんざい）
同上　　　　　　　『中小企業の信用調査講座』（きんざい）

第 1 章

経営分析指標等の全体像

本章では、収益性、安全性、生産性、成長性など経営分析指標の全体像を概観しながら、各比率や経営指標の実務的な活用方法を解説します。特に流動比率や当座比率、売上債権回転期間やたな卸資産回転期間など、伝統的な分析指標の見方には、大きな落とし穴があり、これを知らないと簡単にだまされてしまいますので、注意しなければなりません。本書では、こういった実務上の注意点を強調しました。また、実際の企業による粉飾決算の事例を題材として、経営分析指標を活用することで粉飾決算の兆候が把握できることを理解します。
　最近の粉飾決算では業種の違いを超えて、同様の手口で行われる傾向があり、たとえばシステム開発業の粉飾の手口は、建設業の粉飾の手口を応用したものが多く、一方の学習はもう一方の粉飾を見抜くのにも役立ちます。
　財務諸表を活用した経営分析は、取引先企業の実態把握を行うための必須スキルといえます。業種・業態ごとの特徴や特殊性に踏み込むための前提知識ともなりますので、ぜひ各指標を使いこなしてみましょう。

1 収益性分析

それでは財務面での経営分析について、収益性の分析からみていきましょう。

(1) 大企業では比率分析、中小・零細企業では実数分析が中心

収益性分析は比率分析によって行われることが多いのですが、この手法はどちらかといえば大企業の収益性分析に適した手法です。

一方で中小企業、特に零細企業では、財務諸表の金額そのものを利用した実数分析が中心となります。

その理由としては、一つには企業規模が小さくなればなるほど労働集約的になり、少ない投下資本で利益をあげていることが考えられます。

この場合、見かけ上は非常に高い総資産経常利益率を示すこともありますが、そもそも投下資本を表す総資産が少ないのが原因ですから、これをもって収益性が高いと判定することはできません。

また、中小・零細企業では、代表者個人の資産と法人の資産が混然一体となっており、事業に使用している総資産が明確でないということもあります。

現実に代表者個人の資産が実際には法人の資産と同様に利用されていたり、逆に会社の資産を代表者個人が私的に利用していることがよくあります。このような場合の総資産経常利益率には、あまり意味がありません。

中小・零細企業では総資産経常利益率よりもむしろ、個々の勘定科目そのものの金額の内容を分析することが重要になります。

たとえば売上債権やたな卸資産、さらには「その他の流動資産」のなかに滞留・不良部分が含まれているかなどを検討することで、はじめて安全性や収益性の有無も判明することになります。

このような企業規模による分析手法の使い分けも、重要な留意点となります。

なお、上場会社等の金融商品取引法適用会社とそれ以外の会社（いわゆる中小企業）では、財務諸表の体系そのものが違うのですが、ここではいわゆる中小企業の財務諸表を前提にして話を進めていきます。

(2) 粉飾部分の修正を行ってから分析を行う

売上債権やたな卸資産、「その他の流動資産」のなかに滞留・不良部分が含まれているときは、より詳細な調査を行い、資産として計上することが適当でないと考えられる場合には、分析するこちら側でそれらを資産から取り除き、さらには貸借対照表をバランスさせるために、同額を資本（純資産）から取り除いたうえで分析を行う必要があります。

いわゆる粉飾は経営者が意図したものでなくても、滞留在庫のように知らないうちにそうなってしまっている場合もあり（これを「意図せざる粉飾」といいます）、財務諸表を読む側で十分に検討したうえで、これを実態にあわせて修正してから分析することが必要です。

(3) 利益の金額や各種分析比率等の読取りに注意する

利益の金額が大きい場合、小さい場合ないしは総資産経常利益率が高い場合、低い場合に、単純に収益性が高い、低いと結論づけることはできません。

たとえば、それまで累積した不良債権を一度に償却した場合には一時的に大赤字になりますが、これは健全な会計処理であり、むしろ収益力がついたことを意味する場合が少なくありません。

特に中小企業では業績が不調な時は一定の利益を確保するために、不良債権が発生してもそのままにしておき、業績が好調な時には過去の膿を出し切るためにその償却を行って資産から落とすことが多いからです。

同じ利益または損失であっても、そうなってしまった場合と、意図的にそのようにした場合とではまったく意味が違ってきます。

また、仕入債務（買入債務）のサイトが延びている場合にも、自社の資金を浮かせるために資金負担を仕入先へ転嫁し、意図的に支払を延ばしている場合もあれば、資金繰りに苦しくて支払えていない場合もあります。

財務分析はその読取り方が勝負ですので、実践によって読取りに習熟することが求められます。

(4) 資本利益率の意味と種類

a 資本利益率とは

財務に係る収益性分析における比率分析は、資本利益率から始まります。

資本利益率＝利益／資本×100（％）

この指標が企業の収益性の総合的な判定指標です。

「資本利益率」とは、一定期間内に投下された資本に対し、どれだけの利益をあげているのかを示したもので、上の算式により計算されます。分母の資本は貸借対照表から、分子の利益は損益計算書から求めます。

資本利益率は、投下資本に対してどれくらいの利益をあげているか、つまり投資効率を表しています。

この算式の分子は当期中に稼得した利益の合計額で、分母は理論的には期中の資本の平均金額ですが、便宜的に資本は期末の一時点の資本の残高を用いるのが普通です。

b 資本利益率の種類

利益の種類には売上総利益、営業利益、経常利益、当期純利益などいろいろあります。

一方、資本にも総資産、経営資本、株主資本（自己資本）など、さまざまなものがあります。これらの組合せによって何通りもの資本利益率を考えることができます。

実務上よく用いられている資本利益率は、総資産経常利益率（ROA：Return On Assets）、経営資本営業利益率、および株主資本（自己資本）当期純利益率（ROE：Return On Equity）の三つです。

c 総資産経常利益率（ROA）

総資産経常利益率とは、総資産に対する経常利益の比率で、企業全体の観点から収益性を総合的に判定する指標として最もよく利用されているものです。

総資産経常利益率＝経常利益／総資産×100（％）

分子の経常利益は営業損益と営業外損益をあわせたものであり、正常な利益、つまり特別損益に属する臨時損益や、（中小企業での）過年度損益修正損

資本利益率の組合せ

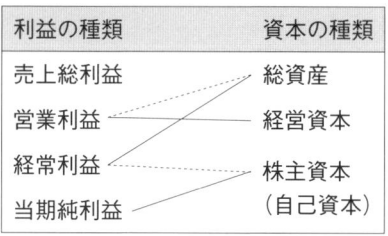

（注） 上図のうち、実線は結びつきが特に強いもの、点線は結びつきが弱いものを意味します。

益を除いた利益として重視されています。

　分子には営業利益を採用すべきであるという考え方もありますが、支払利息等の金融費用の負担が経営上無視できないという観点から、一般には営業利益ではなく経常利益が採用されています。

　一方の分母の総資産は、貸借対照表における資産の合計額であり、負債および資本（純資産）の合計額と同じです。

　一般に、総資産経常利益率は企業規模が拡大するにつれて低下する傾向があります。

　その理由として、規模の拡大につれて労働集約的企業から資本集約的企業に移っていくことがあげられます。

　すなわち、一般に中小企業は労働集約的であるために従業員数が多い割に固定資産等が少なく、結果的に総資産経常利益率が高くなります。

　一方、大企業は資本集約的であることから固定資産等が多く、そのために総資産経常利益率は中小企業に比べて低くなるのが普通です。

　また、総資産経常利益率は、企業の資本構成割合によっても影響を受けます。

　たとえば、株主資本（自己資本）の割合が極端に少なく借入金等の他人資本が多い場合には、費用に占める支払利息等の金融費用の割合が大きくなるために、財務レバレッジ（梃子）が働き、わずかな売上高の変動によって総資産経常利益率は大きく変動することになります。

d　経営資本営業利益率

　「経営資本営業利益率」とは、経営資本に対する営業利益の比率で、企業の本来の営業活動（本業）の観点からの収益性を判定するのに用いられます。

　なお、会計で「営業」という言葉は原則として「本業」を意味し、「営業外」は「本業以外」を意味します。

> 経営資本営業利益率＝営業利益／経営資本×100（％）

　分子の「営業利益」は、営業収益である売上高から営業費用である売上原価と販売費および一般管理費を控除した利益であり、企業本来の営業活動（本業）から生じた利益です。

　一方、分母の「経営資本」は、企業本来の営業活動（本業）に投下された資本をいい、営業利益をもたらすものです。

　なお経営資本は、実務上では次のように算出するのが一般的です。

> 経営資本＝総資産－建設仮勘定－遊休不動産－投資その他の資産－繰延資産

　このように経営資本は、貸借対照表上の総資産から本業に用いていない資産を差し引いて求めます。

　ここで建設仮勘定は、まだ建設中で使用していないため収益を生んでいない資産です。

　遊休不動産も、文字どおり収益を生んでいません。

　投資その他の資産は、受取利息・配当金等の営業外収益（本業以外の収益）を生むものです。

　ただし、有形固定資産から遊休不動産のみを抜き出すのは困難ですし、また投資その他の資産には営業活動を支えるための敷金や差入保証金が含まれています。したがって、厳密な意味で経営資本を算定することは困難であるといえます。

　なお、繰延資産は実態として単なる費用負担の先送りと考え、経営資本から除外します。

e　株主資本（自己資本）当期純利益率（ROE）

　株主資本（自己資本）当期純利益率とは、株主資本（自己資本）に対する

当期純利益の比率で、株主の投下した資本に対してどの程度の当期純利益を得ているのか、すなわち株主の観点からの収益性の指標として考えられています。

> 株主資本（自己資本）当期純利益率＝当期純利益／株主資本（自己資本）
> ×100（％）

分子の当期純利益は損益計算書のいわゆる最終利益で、株主総会等での剰余金の分配の原資となるものです。

つまり当期純利益が、株主に帰属する利益であると考えられています。

一方、分母の株主資本とは資本金、資本剰余金、利益剰余金などの合計です。

自己資本とは純資産から新株予約権などを控除した額、すなわち株主資本と評価・換算差額等の合計であり、株主の持分を意味しています。

これらを対比させることによって、株主にとっての収益性を明らかにすることができます。

f 資本利益率の分解

① 総資産経常利益率の分解

企業全体の観点からの収益性を表す代表的な指標として、総資産経常利益率がありましたが、この指標は収益性を表す総合的な指標として最も重視されています。

しかし、この指標だけでは収益性の高低は判定できても、どこにその原因があるかまではわかりません。

そこで一般に、この総資産経常利益率を分解することで、細部について分析していく手法がとられています。

② 売上高経常利益率と総資産回転率への分解

総資産経常利益率は、その算式の分子と分母にそれぞれ売上高を入れるこ

とで次の二つの指標に分解することができます。

経常利益／総資産×100（％）＝経常利益／売上高×売上高／総資産×100（％）
（総資産経常利益率）　　　　（売上高経常利益率）　（総資産回転率）

　この式から、総資産経常利益率は売上高経常利益率と総資産回転率から構成されていることがわかります。
　これによって、総資産経常利益率がどういう原因から良化あるいは悪化したのかを判断することができます。
　この式の売上高経常利益率とは、売上高に対する経常利益の割合ですから、いわば「利幅」を示すものと考えられます。
　また、総資産回転率とは、売上高に対する総資産の倍率（回転度合い）、すなわち「**資本の運用効率**」を示すものです。
　したがって、総資産経常利益率は、利幅と資本の運用効率によって成り立っているといえます。
　また、総資産経常利益率の分解式は、その企業の収益構造や営業政策などを表しています。
　商品単位当りの利幅は小さいが商品の回転率を高めることによって、一定の利益を確保しようとする量販店スタイルの企業では、一般に売上高経常利益率は低く、総資産回転率は高くなります。
　逆に、商品の回転率は低いが利幅を大きくとる高級品専門店スタイルの企業では、総資産回転率は低く、売上高経常利益率は高くなる傾向にあります。
　つまり、売上高経常利益率と総資産回転率は、一方を高めようとするともう一方は低くなるトレード・オフの関係にありますが、そのどちらを重視しているかは総資産経常利益率を分解することによって明らかになります。

③　売上高経常利益率

「売上高経常利益率」とは、売上高に対する経常利益の割合です。

> 売上高経常利益率＝経常利益／売上高×100（％）

　分子の経常利益は、本業による営業利益に本業以外の営業外損益を含んだ利益であり、臨時損益と、（中小企業での）過年度損益修正損益を表す特別損益の影響を除いた正常な利益として最重要視されています。

　一方、分母の売上高は値引・戻り・割戻しを控除した純売上高を表し、経常利益の源泉となるものです。

　この売上高経常利益率は、企業の収益性を判定する重要な指標と考えられています。

　この比率は高ければ高いほど収益性が高いことを示していますが、これを高めるためには、販売価格の適切な設定とマーケティング、人件費等の固定費の削減、金利負担の軽減など、経営そのものの改善が必要です。

　またすでにみたように、売上高経常利益率の水準は、業種・業態により大きな影響を受けます。

　一般に売上高経常利益率の低い業種は総資産回転率が高く、逆に売上高経常利益率の高い業種では総資産回転率は低くなります。

　総資産経常利益率を高めるためには、売上高経常利益率と総資産回転率の適切な組合せが求められることになります。

　なお、固定資産売却益等の特別利益項目が雑収益や雑収入等の科目名で営業外収益に計上されている場合もあり、その場合は経常利益がその分だけ過大表示されていることになりますので、その影響を取り除いて考えなければなりません。

④　総資産回転率

総資産回転率とは、企業活動に投下された資本が年間に何回使われている

かを売上高との倍率で考えるもので、この意味から「資本の運用効率」を示すものです。

> 総資産回転率＝売上高／総資産（回）

　総資産回転率は、投下資本の利用度ないしは運用効率を表すものですから、回転率が低いということは、資本の運用に問題があることになります。
　在庫や売上債権、「その他の流動資産」の滞留や、設備に対する過剰投資や長期貸付金等の滞留は、すべて総資産回転率の低下につながります。
　なお、総資産回転率は高いほどよいといえますが、業種・業態による影響があることはすでにみてきたとおりです。
　商業の場合は、商品を仕入れてから販売し、代金を回収するまでの回転速度は、製造業に比べて一般に速くなります。
　これは製造業では商業にはない製造過程が入る分だけ、在庫の回転速度が遅くなるためです。
　このように総資産回転率の水準は業種・業態によって大きく異なるため、同業他社比較や時系列比較をより重視して判定しなければなりません。

2　安全性分析

　企業の財政状態の良否を検討するには、貸借対照表の勘定科目の内容を検討したり、資産や負債、さらには流動資産と固定資産のように各区分ごとの合計の比率から判断することになります。

　財務比率による安全性の分析は、①資本構成の分析、②資産構成の分析、③流動資産と流動負債の相互関係の分析、④固定資産と株主資本（自己資本）の相互関係の分析に分類されます。

(1)　資本構成の分析

a　株主資本（自己資本）比率

　株主資本（自己資本）比率とは、総資産（負債と純資産の合計額）に対する株主資本（自己資本）の割合を示すもので、株主資本（自己資本）の充実度合いを表しています。

> **株主資本（自己資本）比率＝株主資本（自己資本）／総資産×100（％）**

　株主資本（自己資本）比率は、高ければ高いほど財務の安全性は高くなります。

　実質無借金経営であっても、買掛金等の負債は発生することから100％は期待できませんが、上場企業等を除いて可能な限りこれを高める努力を行うべきであるといえるでしょう。

　この比率は50％が理想といわれていますが、現実には全企業平均で20～30％の水準にとどまっており、わが国企業の財務面での脆弱さの一因となっ

ています。

　株主資本（自己資本）比率が必要以上に高い場合は、保守的経営から成長性を阻害する要因となるという考え方もありますが、超優良企業以外はまずこの比率を高める必要があります。

b　負債比率

資本構成の分析手法としては株主資本（自己資本）比率が代表的ですが、負債比率は株主資本（自己資本）に対する負債の割合を把握しようとするものです。

負債比率＝負債／株主資本（自己資本）×100（％）

　負債という支払義務に対しては、資産という支払手段でカバーすることになりますが、株主資本（自己資本）はこの負債（支払義務）を担保するものという考え方に基づいています。

(2)　資産構成の分析

　資産構成の分析は、大きくとらえた場合には流動資産と固定資産（および繰延資産）の総資産に占める割合です。

　この比率には理想的な割合は特になく、同業他社と比較して自社の特徴をつかむのに適しています。

流動資産構成比率＝流動資産／総資産×100（％）

固定資産構成比率＝固定資産／総資産×100（％）

　さらに細部にわたって検討するには、単に流動資産と固定資産の割合だけ

ではなく、それぞれのなかでの区分、たとえば流動資産中の当座資産、たな卸資産、その他の流動資産の占める割合や、個々の勘定科目の占める割合を計算すると、より特徴がはっきりします。

総資産は端的に企業規模を表しますから、そこに占めるたな卸資産や売上債権、「その他の流動資産」の割合がその会社の規模の割に大きい場合には、滞留・不良在庫や滞留・不良債権（たとえば回収遅延等）となっている可能性があります。

(3) 流動資産と流動負債の相互関係の分析（短期的安全性）

a 流動比率

流動比率は流動負債に対する流動資産の割合を示すもので、静態的安全性分析では最も重視されています。

流動比率＝流動資産／流動負債×100（％）

1年ないし通常の営業循環期間のなかで返済すべき負債に対して、1年ないし通常の営業循環期間内に現金化して負債の返済に充当できる資産の倍率を表します。

一般的にはこの比率が高いほど安全性が高いと判断され、200％が一応の目安とされています。

これは流動資産のすべてが帳簿価額の半分で売却されても、流動負債を返済できるという考え方からきています。

ただし現実には優良企業であっても、流動比率は120～130％程度の企業が多いようです。

また業種によっても水準が大きく異なるため、一般的水準よりも同業他社比較や時系列比較が重要となります。

この比率が低い場合には、静態的安全性（一定時点の安全性）が低いと判

断されます。現実の倒産事例においても、流動比率が100％を大きく下回っている例が少なくありません。

　流動比率が100％を下回っている状態は、短期的に支払うべき流動負債よりも短期的に現金化される流動資産のほうが少ない状態を意味します。

　この場合には、短期的な資金繰りが困難になることが容易に推定されます。

　逆にいえば、流動負債の一部で固定資産が取得されており、資金の回収よりも支払のほうが先行することになります。

　なお、流動資産と流動負債の差額を正味運転資本と呼ぶのですが、流動比率が100％未満の場合は、正味運転資本がマイナスとなっています。

　一方で実務上の注意点としては、表面的に流動比率が高い場合であっても、必ずしも安全ではないということがあります。

　たとえば、次のような場合が考えられます。

① 現金・預金に満期が1年超の固定性預金や、借入金の担保に供しているなどの拘束性預金が含まれている場合

② 受取手形に期日書換手形（ジャンプ手形）や不渡手形が含まれている場合

③ 売掛金に回収不能債権や滞留・不良債権が含まれている場合

④ 有価証券に多額の含み損がある場合

⑤ たな卸資産に滞留・不良在庫が含まれている場合

⑥ その他の流動資産に資産性（資産としての価値）に乏しいものや長期性資産（固定資産）が含まれている場合

⑦ 引当金や未払金等が流動負債から計上もれとなっている場合

　このような場合には、表面的には流動比率は高く表れますが、財務の安全性は低くなります。

　したがって、流動資産や流動負債の内容をよく吟味し、正しく表示し直したうえで流動比率の計算を行うべきであることに留意しなければなりませ

ん。

　なお、割引手形や裏書譲渡手形については資産性（資産としての価値）がなくなっているため、流動比率を算出するときは受取手形への足し戻しを行わず、これを除いたところでの計算を行うのが一般的です。

　それでは実例もあわせてみておきましょう。

　18頁に記載した㈱ノエルの事例では、流動資産／流動負債×100である流動比率は144％になります（19頁の貸借対照表を参照）。

　一般的な見方としては、流動比率は高いほうが財務の安全性も高いのですが、表面上の比率だけで判断することは禁物であり、㈱ノエルの事例は流動比率が高くても財務の安全性が低い事例です。

　実際に㈱ノエルは、この決算から約5カ月後に倒産しました。

　流動比率が高くても、滞留在庫、滞留債権やその他の流動資産の滞留、さらには流動負債の一部計上もれによって、結果的に流動負債が高いだけのケースは多いものです。

　流動比率が低い場合には、短期的な財務の安全性も低いといえますが、逆に流動比率が高くても、短期的な財務の安全性が高いとはいえない点に注意しなければなりません。

　つまり、逆は必ずしも真ならずなわけです。

　よく流動比率が200％あれば安全といわれますが、決してそんなことはなく、流動比率が200％超であっても流動資産の内容が悪いため倒産している例は数多くありますので、留意が必要です。

　㈱ノエルのケースでは倒産の原因はたな卸資産の増加にあったのですが、一般的には特に「その他の流動資産」について、特別の注意が必要です。

　「その他の流動資産」とは、未収金、立替金、仮払金、前払金、前払費用、未収収益、短期貸付金等のいわゆる雑流動資産を指します。

　未収金は、本業以外の事業によって生じた債権です（本業による債権は売掛金で表示します）。たとえば小売業の会社が土地を売れば、その債権は未収

㈱ノエル・主要な経営指標等の推移

回　次		第32期	第33期	第34期	第35期	第36期
決算年月		平成15年8月	平成16年8月	平成17年8月	平成18年8月	平成19年8月
売上高	(千円)	12,806,521	26,526,860	33,608,443	51,845,909	80,493,329
経常利益	(千円)	306,679	471,591	945,685	1,642,581	3,065,617
当期純利益	(千円)	97,620	245,228	455,185	1,065,338	1,640,110
純資産額	(千円)	1,159,277	1,760,382	2,203,933	5,253,038	8,254,867
総資産額	(千円)	8,739,527	11,906,163	26,220,984	51,285,058	66,919,522
一株当り純資産額	(円)	146,281.13	192,836.41	241,526.98	86,870.19	118,631.73
一株当り当期純利益金額	(円)	13,224.13	28,319.08	49,883.37	20,142.53	27,212.26
潜在株式調整後一株当り当期純利益金額	(円)	─	─	─	19,549.29	26,706.67
自己資本比率	(％)	13.3	14.8	8.4	10.1	12.1
自己資本利益率	(％)	8.4	16.8	23.0	28.8	24.6
株価収益率	(倍)	─	─	─	11.3	4.7
営業活動によるキャッシュフロー	(千円)	▲2,468,826	▲1,247,536	▲11,151,729	▲16,039,854	▲13,175,606
投資活動によるキャッシュフロー	(千円)	▲272,652	▲216,300	▲172,341	▲319,954	▲293,587
財務活動によるキャッシュフロー	(千円)	3,317,368	1,647,045	12,117,111	18,386,782	12,321,568
現金および現金同等物の期末残高	(千円)	1,171,996	1,355,204	2,148,244	4,175,218	3,027,593
従業員数 (ほか、平均臨時雇用者数)	(人)	98 (7)	127 (13)	223 (9)	324 (12)	395 (12)

(注1) 売上高等には、消費税等は含まれておりません。
(注2) 第34期までの潜在株式調整後一株当り当期純利益金額につきましては、新株予約権の残高はありますが、当社株式は第34期までは非上場であるため、期中平均株価が把握できませんので記載しておりません。
(注3) 第34期までの「貸借対照表の純資産の部の表示に関する会計基準」(企業会計基準第5号平成17年12月9日)および「貸借対照表の純資産の部の表示に関する会計基準等の適用指針」(企業会計基準適用指針第8号平成17年12月9日)を適用しております。
(注4) 第35期より「貸借対照表の純資産の部の表示に関する会計基準」(企業会計基準第5号平成17年12月9日)および「貸借対照表の純資産の部の表示に関する会計基準等の適用指針」(企業会計基準適用指針第8号平成17年12月9日)を適用しております。
(注5) 平成18年3月1日付で一株を5株とする株式分割を行っておりますが、一株当り当期純利益金額および潜在株式調整後一株当り当期純利益金額は、期首に当該分割が行われたものとみなして計算しております。

(株)ノエル・連結貸借対照表

区　分	注記番号	前連結会計年度 (平成18年8月31日) 金額(千円)		構成比 (％)	当連結会計年度 (平成19年8月31日) 金額(千円)		構成比 (％)
(資産の部)							
I　流動資産							
1　現金および預金			4,289,310			3,186,056	
2　受取手形および売掛金	※2		634,038			760,843	
3　販売用不動産	※2		11,712,213			28,679,522	
4　仕掛販売用不動産	※2		13,519,031			13,767,611	
5　開発土地	※2		18,411,018			16,779,082	
6　不動産事業手付金			653,049			1,057,922	
7　繰延税金資産			261,856			347,097	
8　その他			337,043			719,019	
貸倒引当金			▲12,277			▲15,588	
流動資産合計			49,805,285	97.1		65,281,568	97.6
II　固定資産							
1　有形固定資産							
(1) 建物および構築物	※2	423,264			429,532		
減価償却累計額		185,205	238,058		207,105	222,427	
(2) 機械装置および運搬具		5,865			5,550		
減価償却累計額		5,045	820		5,035	514	
(3) 工具、器具および備品		66,221			62,911		
減価償却累計額		33,124	33,096		35,690	27,221	
(4) 土地	※2		121,633			121,633	
有形固定資産合計			393,608	0.8		371,797	0.5

2	無形固定資産						
	(1) 連結調整勘定			98,592		—	
	(2) のれん			—		88,047	
	(3) その他			123,577		190,218	
	無形固定資産合計			222,169	0.4	278,266	0.4
3	投資その他の資産						
	(1) 投資有価証券	※1		439,465		440,751	
	(2) 長期貸付金			7,052		9,226	
	(3) 繰延税金資産			36,373		86,840	
	(4) 差入保証金敷金	※2		289,887		366,219	
	(5) その他			115,057		108,962	
	貸倒引当金			▲23,842		▲24,111	
	投資その他の資産合計			863,994	1.7	987,890	1.5
	固定資産合計			1,479,772	2.9	1,637,954	2.4
	資産合計			51,285,058	100.0	66,919,522	100.0
(負債の部)							
I	流動負債						
1	支払手形および買掛金	※2		6,149,249		7,116,642	
2	短期借入金	※4		10,681,269		21,058,890	
3	1年内返済予定長期借入金	※2		13,726,544		12,441,484	
4	1年内償還予定社債	※4		176,000		228,000	
5	未払法人税等			768,509		1,059,056	
6	賞与引当金			168,771		292,599	
7	株主優待引当金			42,000		62,000	

8	不動産事業前受金		2,086,444		2,019,644	
9	その他		868,902		1,087,762	
	流動負債合計		34,667,690	67.6	45,366,079	67.8
Ⅱ	固定負債					
1	社債		721,000		3,399,000	
2	長期借入金	※2	10,289,003		9,512,625	
3	繰延税金負債		278		—	
4	退職給付引当金		8,241		12,244	
5	預り保証金敷金		323,943		238,788	
6	その他		21,861		135,916	
	固定負債合計		11,364,329	22.2	13,298,575	19.9
	負債合計		46,032,019	89.8	58,664,654	87.7
(純資産の部)						
Ⅰ	株主資本					
1	資本金		1,533,361	3.0	2,268,794	3.4
2	資本剰余金		1,484,721	2.9	2,220,154	3.3
3	利益剰余金		2,115,720	4.1	3,606,537	5.4
	株主資本合計		5,133,803	10.0	8,095,486	12.1
Ⅱ	評価・換算差額等					
1	その他有価証券評価差額金		50,175	0.1	33,633	0.0
2	為替換算調整勘定		—	—	▲592	▲0.0
	評価・換算差額合計		50,175	0.1	33,041	0.0
Ⅲ	新株予約権		—	—	28,866	0.0
Ⅳ	少数株主持分		69,059	0.1	97,473	0.2
	純資産合計		5,253,038	10.2	8,254,867	12.3
	負債純資産合計		51,285,058	100.0	66,919,522	100.0

(株)ノエル・連結損益計算書

区　分	注記番号	前連結会計年度 (自 平成17年9月1日 至 平成18年8月31日) 金額（千円）		百分比 (％)	当連結会計年度 (自 平成18年9月1日 至 平成19年8月31日) 金額（千円）		百分比 (％)
I　売上高			51,845,909	100.0		80,493,329	100.0
II　売上原価			44,414,499	85.7		69,687,138	86.6
売上総利益			7,431,409	14.3		10,806,191	13.4
III　販売費および一般管理費							
1　役員報酬		127,129			129,419		
2　給与および賞与		1,474,112			1,785,439		
3　賞与引当金繰入額		160,897			286,019		
4　広告宣伝費		898,870			1,026,411		
5　貸倒引当金繰入額		8,160			1,507		
6　減価償却費		68,884			81,095		
7　株主優待引当金繰入額		42,000			58,914		
8　その他		1,919,166	4,699,221		2,931,301	6,300,109	
営業利益			2,732,187	5.3		4,506,082	5.6
IV　営業外収益							
1　受取利息		4,480			1,402		
2　受取配当金		1,510			3,001		
3　匿名組合投資利益		23,526			418,335		
4　持分法による投資利益		7,539			8,820		
5　受取補償金		6,360			15,216		
6　その他		30,699	74,116	0.1	32,174	478,951	0.6
V　営業外費用							

22

1	支払利息		843,065			1,400,671	
2	支払手数料		250,422			431,605	
3	その他		70,235	1,163,723	2.2	87,139	1,919,416	2.4
V	経常利益			1,642,581	3.2		3,065,617	3.8
VI	特別利益							
1	固定資産売却益	※1	—			238	
2	前期損益修正益	※2	34,655			—	
3	収用補償金		44,736			—	
4	受取死亡保険金		213,778			174	
5	投資有価証券売却益		—	293,169	0.5		412	0.0
VII	特別損失							
1	前期損益修正損	※3	—			24,101	
2	固定資産売却損	※1	—			250	
3	固定資産除却損	※4	19,321			34,091	
4	投資有価証券評価損		—			882	
5	支店閉鎖損	※5	2,059			14,611	
6	持分変動差損		22,119			—	
7	減損損失	※6	15,600			23,017	
8	役員死亡弔慰金		—	59,100	0.1		96,956	0.1
	税金等調整前当期純利益			1,876,650	3.6		2,969,074	3.7
	法人税、住民税および事業税		954,531			1,422,793	
	法人税等調整額		▲147,492	807,039	1.5	▲124,784	1,298,009	1.6
	少数株主利益			4,272	0.0		30,954	0.1
	当期純利益			1,065,338	2.1		1,640,110	2.0

第1章 経営分析指標等の全体像 23

㈱ノエル・連結キャッシュフロー計算書

区　分	注記番号	前連結会計年度 （自　平成17年9月1日 　至　平成18年8月31日） 金額（千円）	当連結会計年度 （自　平成18年9月1日 　至　平成19年8月31日） 金額（千円）
I　営業活動によるキャッシュフロー			
税金等調整前当期純利益		1,876,650	2,969,074
減価償却費		72,843	83,583
減損損失		22,119	23,017
貸倒引当金の増加額		5,610	3,578
賞与引当金の増加額		45,869	123,828
株主優待引当金の増加額		42,000	20,000
退職給付引当金の増加額		—	4,002
受取利息および配当金		▲5,990	▲4,404
匿名組合投資利益		▲23,526	▲418,335
支払利息		843,065	1,400,671
社債発行費		13,267	16,628
持分変動差損		2,059	—
持分法による投資利益		▲7,539	▲8,820
前期損益修正益		▲34,655	—
前期損益修正損		—	24,101
収用補償金		▲44,736	—
受取死亡保険金		▲213,778	—
支店閉鎖損		19,321	14,611
固定資産除却損		34,091	34,091
売上債権の増加額		▲92,049	▲126,804

たな卸資産の増額	▲21,905,346	▲15,584,759
不動産事業手付金の増加額	▲47,256	▲404,872
仕入債務の増加額	2,954,295	967,393
預り金の増加（▲減少額）	▲298,212	344,111
不動産事業前受金の増加額（▲減少額）	1,521,411	▲66,800
その他	273,292	▲486,226
小計	▲14,981,285	▲11,072,329
利息および配当金の受取額	6,440	5,086
匿名組合投資利益の受取額	23,526	416,204
利息の支払額	▲845,114	▲1,392,322
法人税等の支払額	▲501,936	▲1,132,246
収用補償金の受取額	44,736	—
死亡保険金の受取額	213,778	—
営業活動によるキャッシュフロー	▲16,039,854	▲13,175,606

金となります。

　立替金は、本来払う必要のない場合の立替払いを示すもので、立替えに係る請求権を表す債権です。

　仮払金は、科目または金額が不明の場合の支払をいい、科目と金額が確定した時点で正しい科目・金額に振り替えられます。

　前払金は、商品等を仕入れる際の手付金をいいます。商品等の仕入れの際には費用である仕入れに振り替えられます。

　前払費用は、継続的役務提供契約に係る短期の費用の前払いをいいます。たとえば貸しビルにテナントとして入っている場合の家賃は、通常は翌月分を今月末までに支払いますが、その翌月分の家賃が前払費用の典型例です。

　未収収益は、前払費用と同じく継続的役務提供契約に係る短期の未収分をいいます。たとえば、預金に係る受取利息のうち利払日が来ていないものがこれに当たります。

　短期貸付金は、貸付金のうち決算日の翌日から起算して１年以内にその回収期限が来るものです。

　業績に問題のある会社はその規模や業種にかかわらず、特にこれらの「その他の流動資産」が多額であり、かつ滞留しているケースが多く、こういったケースでは不良債権となっており、極端に資産性に乏しい（資産としての価値に乏しい）のが普通です。

　特に役員個人向け、社長の友人向け、関係会社向けの債権が資産性に乏しい典型例です。

　なお表示上は、「その他の流動資産」は流動資産の最後に表示されるため、表示場所も知っておくと便利です。

未収金	×××
立替金	×××
仮払金	×××

前払金	×××	⎫ 多額であり、かつ滞留しているケースは資産
前払費用	×××	⎬ 性に乏しいことが多い
未収収益	×××	⎪
短期貸付金	×××	⎭

　「その他の流動資産」は、1年基準（ワン・イヤー・ルール）で流動資産に計上されているため、理論的には決算日の翌日から1年以内に回収または費用化されているはずなのですが、1年を超えて長期にわたって滞留しているケースが非常に多く見受けられます。

　仮に回収または費用化に1年超を要するのであれば、流動資産ではなく固定資産ですし、回収が不能であるのであれば、資産性（資産としての価値）はゼロとなるため、資産ではなく損失が発生しています。

　つまり「その他の流動資産」の滞留分はよくて固定資産、悪ければ損失です。

　会計的には固定資産に計上する場合は、回収不能見込額について貸倒引当金の計上が必要であり、回収不能の場合には資産ではなく貸倒損失となります。

　こういった事情から、銀行等の金融機関が企業に貸付を行う際の融資審査においては、「その他流動資産」は貸借対照表の資産の部から取り除き、同額を資本（純資産）の部から取り除いて流動比率や自己資本比率等を算定・分析する手法が取り入れられています（注）。

　さらに「その他の流動資産」の前期からの増加額は、本来は当期に発生した費用負担の先送りであることが多いため、新規の費用の発生とみなして、損益計算書の当期純利益から差し引いて考えるべきです。

　（注）　この方式は岡崎一郎氏が考案した手法であり、「イチロー方式」と呼ばれています。

　この見方は、金融機関が行う融資先の審査に当たり、提出された貸借対照

表や損益計算書を修正してみるものです。

さらに損益面だけでなく資金面でも、「その他の流動資産」の滞留は当然のことながら資金の固定化を招き、資金繰りにとっても大きなマイナス要素となります。

たな卸資産、売上債権および「その他の流動資産」の滞留は、いずれも流動資産合計を増加させるため、表面的には流動資産と流動負債の差額である正味運転資本は増加し、流動比率は改善することになります。

しかしこれらは実態としては固定資産あるいは損失であり、現実の流動比率は決して高くありません。

したがって、正味運転資本や流動比率はそれらが少ない、あるいは低い場合には、短期的な財務の安全性も低いといえるのですが、それらが表面的に多額あるいは高くても不良資産を計上している場合もあり、その場合には短期的な財務の安全性は必ずしも高いとは限らない点に注意しなければなりません。

また、固定資産の「無形固定資産」や「投資その他の資産」も、それが多額である場合には、不動産を賃借する場合の敷金・保証金の差入れ等を除いて、その他の流動資産と同様に資産性が乏しい場合が少なくありません。

無形固定資産に計上された営業権や、商標権等の知的財産権、関係会社向けの出資（関係会社株式、関係会社出資金）や長期貸付金、その他には社外に設立したファンドへの出資金などが、資産性が疑わしい典型例です。

なお、上記の営業権や出資等の固定資産は、単に不良資産化しているだけの場合はまだマシなほうで、支出した金額が再度会社に還流して売上収益や資本（純資産）に計上されているケースもあり、オリンパス㈱の粉飾では実際にそれが行われていました。

b　当座比率

流動比率が良好であったとしても、流動資産の大部分がたな卸資産であったり、そのなかにデッドストックである滞留・不良在庫が含まれている場合

や、「その他の流動資産」が多額である場合は実質的な支払能力は落ちることになります。

そこで、流動比率を質的に検討する補助手段として当座比率が考えられました。

当座比率＝当座資産／流動負債×100（％）

当座比率は、当座資産の流動負債に対する割合を示すものです。当座資産の範囲としては、流動資産の部に表示された現金・預金、受取手形、売掛金、および一時所有の有価証券とするのが一般的です。

当座比率は、換金性のきわめて高い資産を用いた短期的な債務返済能力の指標として用いられ、一般的には高いほど安全性は高くなります。

通常、当座比率は100％以上あることが望ましいとされています。

これはたな卸資産等の売却を行わなくても、当座資産だけで流動負債を返済できるという考え方です。

ただし当座比率は実務上、実際の流動比率の半分以上であることが、一応の目安となります。

また、当座比率も流動比率と同様に業種ごとにその水準が大きく異なるため、同業他社比較や時系列比較が重要となります。

なお、実務上の注意点としては、流動比率の算出時と同様に、次のような場合に正しく表示替えを行った後で当座比率を算出する必要があります。

① 現金・預金に満期が1年超の固定性預金や、借入金の担保に供しているなどの拘束性預金が含まれている場合
② 受取手形に期日書換手形（ジャンプ手形）や不渡手形が含まれている場合
③ 売掛金に回収不能債権や滞留・不良債権が含まれている場合
④ 有価証券に多額の含み損がある場合

なお、割引手形や裏書譲渡手形については、流動比率の算出時と同様に、当座比率の算出時においても受取手形への足し戻しを行わないのが一般的です。

　ここで先ほどの㈱ノエルの事例で、当座比率がどうなっていたのかをみておきましょう。

　㈱ノエルは流動比率が144％と高率でしたが、当座比率を計算すると9％になり、きわめて低率でした（19頁の貸借対照表を参照）。

　この9％という水準は、企業として生きていくことが不可能な水準です。金がなくて、完全に干からびた状態です。給料は支払遅延となり、日常的な諸経費も払えない状態と思われます。

　このように、不動産業をはじめとする在庫を多額に抱える業種・業態にあっては、流動比率よりもさらに短期の安全性を表す当座比率が、短期的な財務の安全性を端的に表しているといえます。

c　現金・預金比率

　現金・預金比率は、現金・預金の流動負債に対する支払能力の割合を表すものです。

　現金・預金は全額が即時に支払手段となりうることから、この比率は即時の支払能力を示します。

現金・預金比率＝現金・預金／流動負債×100（％）

　ここでの現金・預金も期日が1年超の固定性預金や、借入金の担保に供している拘束性預金は除いて判定しなければなりません。

　この比率をみるうえでの注意点は、当座比率との兼ね合いを考えるべきである点です。

　仮に当座比率が高くても、この比率が極端に低い場合には、売上債権（受取手形・売掛金）が焦げ付いて、資金繰りが困難になっている可能性があり

ます。

また逆にこの比率が極端に高い場合には、資金が有効活用されておらず、定期預金等に眠っており、資金効率が悪いことが想定されます。

現金・預金比率は20％以上あるのが理想といわれていますが、この比率も他の比率と同様に、同業他社比較や時系列比較によることが重要です。

(4) 固定資産と株主資本（自己資本）の相互関係の分析（長期的安全性）

a 固定比率

固定比率は株主資本（自己資本）と固定資産の割合を測定することによって、固定資産に対する資本の調達に、返済の必要のない株主資本（自己資本）がどの程度充当されているかをみるものです。

> 固定比率＝固定資産／株主資本（自己資本）×100（％）

理想的な水準として、固定資産は全額安定性の高い株主資本（自己資本）によってまかなわれている状態、すなわち固定比率が100％以下であることが望ましいとされています。

しかし一方で、日本の企業の過少資本・他人資本依存体質からすると、固定比率100％以下に固執してみても現実的ではないといえます。

たとえば、投資その他の資産のなかに市場性のある多額の投資有価証券がある場合や、拘束性のない長期性預金がある場合などは、いずれも固定資産に計上されるため、固定比率が100％を超えてもそれほど問題になりません。

したがって、単に比率だけをみるのではなく、固定資産の内容についても分析する必要があります。

b 固定長期適合率

企業の長期資金を運用・調達の面からとらえた安全性判定指標として固定

比率がありました。

　しかし、現実には設備投資等は長期借入金による資金調達が一般的であり、固定資産は株主資本（自己資本）に加えて、長期間での返済が認められている固定負債の合計額以内に収まっていればよいという考え方があります。

　これが固定長期適合率であり、固定比率を補完する比率として利用されています。

　なお、この比率は諸外国にはなく、日本独自の比率となっています。

固定長期適合率（％）＝固定資産／固定負債＋株主資本（自己資本）
　　　　　　　　　　×100（％）

　したがって、固定長期適合率の水準は100％以下である必要があります。

　固定長期適合率が100％超になっている場合は、固定資産に投下された資金が株主資本（自己資本）と固定負債とでまかないきれず、その不足分を短期資金である流動負債で調達している状態となるからです。

(5) 回転期間と回転率の意味

　企業活動に投下された資本は、たえず新旧入替りをしているわけですが、入れ替わるのに何カ月（あるいは何日）かかるというのを「回転期間」と呼んでいます。つまり、1回転に要する期間です。

　一方、「回転率」は、一定期間（通常は1年間）内で何回入れ替わったか、すなわち1年間における回転の回数を意味します。

a　回転期間と回転率の関係

　回転期間と回転率の関係について、それぞれの計算式からみていきましょう。

> 回転期間＝勘定残高／平均月商（カ月）

> 回転率＝年売上高／勘定残高（回）

この算式で勘定残高は分母と分子にそれぞれ登場し、かつ平均月商は「年売上高÷12カ月」ですから、両者間には以下の関係が成立しています。

> 回転期間（カ月）＝12÷回転率

> 回転率（回）＝12÷回転期間

b　売上高を共通項とした回転期間

　売上債権、たな卸資産、および仕入債務（買入債務）の各回転期間は、各残高と費消額または発生額とを対比して算出するのが理論的です。

　しかしこれを貫くと、各勘定の回転期間の算式は、たとえば売上債権回転期間の場合は平均月商、仕入債務（買入債務）回転期間の場合は平均仕入れとなり、分母を異にすることになります。

　これでは各回転期間を加算あるいは減算することができません。

　そこで、便宜的に共通の分母として売上高（月商）を充てることにしています。

　このように共通の分母をもった各資産の回転期間は、これを合計することにより総資産回転期間になるため、総資産のなかでの各資産の運用効率を比較検討することができます。

　この半面、分母の異なる各資産の回転率は、合計しても意味のある数値に

はなりません。

c　売上債権回転期間

売上債権とは、受取手形と売掛金の合計額です。

したがって、売上債権回転期間は商品を販売してから売上代金が何カ月かかって回収されるかという、売上代金の回収期間あるいは滞留期間と考えられます。

> 売上債権回転期間＝売上債権／平均月商（カ月）

売上債権のなかに割引手形や裏書譲渡手形を含めないこともありますが、通常の企業では売上債権に占める割引手形や裏書譲渡手形のウェイトが高いので、割引手形と裏書譲渡手形は売上債権に含めて計算します。

なお会計的には、割引手形は受取手形を担保とした短期借入金、裏書譲渡手形は支払手形の振出しと同等と考えられています。

この売上債権回転期間は短いほど回収が早く、資本の運用効率がよいといえます。

売上債権回転期間の長期化は取引条件が不利になったか、あるいは回収遅延による滞留債権の発生が考えられます。

ただし分母の平均月商は、通常「年間の売上高÷12」で計算しますので、期末近くに多額の売上高が計上され、それが売上債権として残っている場合には、かたちのうえではこの回転期間が長いようにみえることになりますので、売上計上の月次の偏りにも注意が必要です。

また、現金売上げの場合には、そもそも売上債権は発生しませんが、分母の平均月商にはこの現金売上げが含まれているのが通常ですので、厳密な意味で販売してから回収するまでの期間を示しているとは限らない点にも注意してください。

ここで売上債権回転期間の延長を意味する売上債権の滞留には、大きな問

題があります。

　在庫は売上げによって売上債権に姿を変え、売上債権は回収されてはじめて現金預金になります。

　したがって、売上債権の滞留は、在庫の滞留と同じく資金繰りを圧迫する大きな要因となります。

　まず、売上債権の滞留は、債権管理のための人件費の発生要因となります。

　また、売上債権見合いの借入金がある場合には、支払利息が発生します。

　さらには売上債権が回収不能となる、すなわち貸倒れとなるリスクがあげられます。

　この場合、会計的には、回収不能の見込みが高ければ貸倒引当金の計上が、回収不能であれば貸倒損失の計上が必要です。

　実務では売上債権が急に貸倒れになるケースよりも、まず滞留債権となって回収不能の見込みが高まり、最終的には回収不能の貸倒れとなるケースが多いものです。

　中小企業の決算書では貸倒引当金の計上はほとんどなく、さらには貸倒損失が発生していても売上債権をそのままにしている例が多いのですが、これでは粉飾決算といわれても仕方ありません。

　一定の要件を満たせば、中小企業では貸倒損失と貸倒引当金繰入額が税務上も認められているため、これらを計上すると法人税等の節税になります。

　したがって、これらを計上しないことは、節税を放棄しても一定の利益の額を確保しようとしていることになります。

　逆にそういった会社で貸倒損失や貸倒引当金繰入額が計上されたときは、業績が悪化したわけではなく、むしろ業績がよくなったため利益水準に心配がなくなり、今度は節税対策を考え出したことが推測されます。

　中小企業では決算整理の費用は、それが負担できるときに計上される性格をもっている点に注意が必要です。

なお売上債権の滞留は、多くの場合、得意先の資金繰りが悪いことが原因ですが、得意先の資金繰りがよくても、得意先と比較して当社の力関係が弱いため、得意先での商品の検収に時間がかかるなどといった理由でなかなか支払ってもらえないというケースもあります。

いずれの場合にも、売上債権の滞留は在庫の滞留とほぼ同じマイナス面があります。

それでは実例を用いて、有価証券報告書で売上債権回転期間が異常に長い事例をみておきましょう。

平成21年11月20日に東証マザーズに上場し、平成22年6月15日に粉飾決算の疑いで上場廃止となった㈱エフオーアイの売上高、売掛金および売上債権回転期間の推移です。

	平成20年3月期	平成21年3月期	平成21年12月期 （第3四半期）
売上高（百万円）	9,496	11,855	8,563
売掛金（百万円）	18,211	22,895	26,621
売上債権回転期間（カ月）	23	23	28

㈱エフオーアイは半導体装置メーカーでしたが、そもそも上場前から売上債権回転期間が2年弱であったというのは、あまりにも長すぎます。

いま売った商品の資金回収は2年先というビジネスは、眉唾ものといってよいでしょう。

さらに平成21年12月（第3四半期）決算時点では、売上債権回転期間が28カ月に延長しており、これでは滞留というよりは架空売上げを疑うべきです。

実際に倒産後には、平成21年3月決算の売上高は約3億円（公表数値の40分の1‼）にすぎなかったことが判明しています。

なお、次にみる在庫（たな卸資産）の回転期間分析と売上債権の回転分析は、実務上は同時に行うべきものです。

　㈱エフオーアイの例は完全な架空売上げであり、在庫と売上債権は相互に無関係だったのですが、粉飾のもう一つのパターンとして翌期売上げの先取りがあります。

　これは、本来は翌期に計上するべき売上高を当期に繰り上げて取り込むものです。

　たとえば、売上高は商品等の引渡しに伴う請求書の発行にあわせて計上するのが普通ですが、商品等を引き渡す前の注文書の段階で売上高を計上するようなケースです。

　こういった場合には、在庫と売上債権の回転期間は密接につながってきます。

　まず、在庫（たな卸資産）は在庫としてではなく、売上げによって売上債権に姿を変えていますから、在庫の金額は圧縮される結果、在庫の回転期間はむしろ短縮します。

　一方、売上債権には在庫に利益が上乗せされた金額が含まれていますから、その金額は過大に表示され、かつ翌期分の売上げが含まれるため売上債権の回転期間は延長します。

　このように在庫の回転期間の短縮と売上債権回転期間の延長の二つが同時にみられた場合には、十中八九、翌期売上げの先取りを意味しています。

　さらに、もっと簡単に翌期売上げの先取り傾向を知ることもできます。

　これは、当期末月と翌期首月の単月の売上高を比較するだけの方法です。

　3月決算の会社であれば、当期の期末月である3月の単月の売上高と、翌期の期首月である4月の単月の売上高を比較するだけです。

　当期の3月の売上高が多額であり、翌期の4月の売上高がほとんどなければ、実質的には4月分の売上高を3月に取り込んでいることがわかります。

　金融機関の職員が決算書を受け取る際に、4、5月の売上げを知りたがる

のは、新しい期の業績予測のためだけでなく、こういった操作の有無の確認を行いたいためです。

　さらに、上半期と下半期の売上高を比較するだけでも、おおよその見当はつきます。

　建設業界や不動産業界等に多いのですが、売上高が下期に偏っており、上半期にほとんど計上されていないようであれば、慢性的に翌期売上げの先取りをしていることが推定されます。

　逆に期末月の売上高が少なくて、翌期の期首月の売上高が多額であれば、売上高の計上を翌期に先送りした可能性があります。

　売上高の先送りは業績のよい会社にしばしばみられるのですが、今期の売上高のノルマを達成したことを意味し、節税対策等のために売上計上の先送りをして、利益の抑制を図っている状態です。

　このように売上計上の偏りや分布は、その会社の業績の良し悪しを端的に物語っています。

d　たな卸資産回転期間

　たな卸資産回転期間は、月商の何カ月分の在庫があるかという手持期間の意味と、現在の在庫は何カ月で入れ替わるかという意味があります。

たな卸資産回転期間＝たな卸資産／平均月商（カ月）

　たな卸資産回転期間の分母は、厳密な意味では月平均売上原価（または、月平均仕入高）であり、平均月商ではありません。

　しかし、分母を平均月商で統一することで売上債権回転期間等と同一の尺度で期間を考えることができますので、実務上は分母を平均月商として統一しています。

　たな卸資産回転期間は、欠品が生じない範囲内でその期間が短ければ短いほど資本の運用効率がよくなります。

この期間が長くなった場合には、販売不振による滞留在庫の発生や多額の返品、陳腐化による不良在庫化以外にも、品ぞろえを豊富にするなどの販売政策の変更や、将来の値上りを見越した思惑買いなど、さまざまなケースが考えられます。
　したがって、先入観をもつことなく実態を冷静に観察し、その理由を確認することが必要です。
　なお架空の在庫を計上する、いわゆる在庫の水増しによっても、たな卸資産回転期間は長くなりますが、この場合には売上原価がその分だけ過小に計上される結果、売上原価率が低下する（売上総利益率は上昇する）ことになります。
　このように他の比率を併用することで、在庫操作による粉飾を見破る手がかりとなります。
　また、製造業の場合には、製品以外にも仕掛品や原材料等のたな卸資産のウェイトも高くなります。その場合には、仕掛品や原材料等のそれぞれについての回転期間を計算することで、どの在庫に異常があるのかを把握することができます。
　「経営は在庫に始まり在庫に終わる」といわれるほど在庫管理は経営にとって重要であり、企業経営にとって在庫の回転率の向上は永遠の課題といっていいでしょう。
　まず、滞留在庫は資金が寝ている状態であり、その金額分だけの資金不足をもたらします。
　仮に利益があがっていたとしても、それが在庫見合いの場合には、貸借対照表上は利益に対応した現金預金がないことになり、仕入債務（買入債務）の支払の際には借入金等の別の手段によって資金を調達せざるをえません。
　また、仕入れに際しての仕入債務（買入債務）の支払は、商品が売れている、いないに関係なく発生するために、滞留在庫は資金繰りを直撃します。
　さらに在庫の滞留は、損益にも悪影響をもたらします。

一見すると在庫が滞留しても現金預金が商品に変わるだけで損益には中立のようにみえますが、実際には在庫の保管コストとして倉庫代（賃借料）や倉庫の減価償却費のほか、保険料等の物件費、それ以外にも在庫管理のための人件費が発生します。
　それにとどまらず、在庫をもつために借入れをした場合には、支払利息がコストとして発生します。
　これらの費用は売上げとは無関係に発生する**固定費の典型例**であり、企業の損益分岐点（損益がゼロとなる売上高。売上高がこれよりも多額であれば利益が生じ、売上高がこれよりも少額であれば損失が生じます）を押し上げる結果となります。
　また最大の問題点として、滞留在庫は品質低下や陳腐化によりその価値が失われ、資産性がなくなる（資産としての価値がなくなる）ことがあげられます。
　特に消費者の嗜好の変化や技術革新のスピードが速い現代では、在庫が一瞬のうちに陳腐化することがよくあります。
　特に品質低下よりも、陳腐化に注意しなければなりません。
　品質低下は、モノそのものが悪くなっている状態です（鮮度の落ちた牛肉をイメージしてください）。
　これに対して陳腐化は、商品の性質や機能には問題はなくても、時代遅れや流行遅れとなっていたり、消費者の嗜好にあわなくなったことから売れなくなった状態をいいます。
　たとえば、大手のスーパーマーケットの経営が軒並み苦しくなっているのは、主として衣料品の陳腐化によるものです。
　洋服のセンスや流行といった感覚的な部分について、大手のスーパーマーケットのバイヤーはこれに対する感性が弱いのが実情だからです。
　短期間に売り切ることができなければ、在庫の山となってしまうため、どの企業も衣料品には苦労しています。

実際問題として、すべての商品が短期間に売り切る必要のある生鮮食料品のようになっていると考える必要があります。
　この陳腐化による時価の下落については、会計的には在庫の評価損の費用計上が必要です。
　しかも、この評価損は一定の要件を満たした場合には税務上も認められるため、評価損の計上は法人税等の節税対策にもなります。
　しかし、実務上、中小企業では在庫の評価損を計上することはむしろまれであり、理由としてはもともと利益が出ておらず、評価損を計上すると赤字になるため計上したくないというのが本音です。
　その場合には、評価損相当額だけ含み損となっており、同額の架空資産（実態のない資産や価値のない資産）が計上されているとみなければなりません。
　このように評価損を計上していない場合は、資産が過大に計上されていると同時に、資本（純資産）も同額だけ過大となっています。
　つまり、発生ずみである費用の未計上は、利益の過大計上と資本の過大計上につながるわけです。
　逆にいえば、評価損を計上したときは、その時に評価損が発生したのではなく、従来からあった膿を出したことが推測されます。
　これは会社の業績がよくなったことを意味します。評価損を計上できるほど、利益に余裕が出てきたわけです。
　実務では、中小企業（と一部の大企業）における評価損計上は、業績がよくなった証しですので、意味を取り違えないよう注意しなければなりません。
　また、在庫の評価損は減価償却と同じく、節税効果と自己金融効果をもっています。
　節税効果は文字どおり、法人税等の節税に役立つ効果です。
　しかも、資金負担がなく会計処理（仕訳）を行うだけで節税ができるわけ

ですから、きわめて有効な節税対策となります。

　もう一つの自己金融効果とは、在庫の評価損が減価償却費と同様に支出を伴わない費用であることから、仮に利益がゼロであったとしても、評価損相当額だけ資金が社内に留保される効果です。

自己金融効果の例

売上高		100万円
売上原価	（－）	90万円
商品評価損	（－）	10万円
利益		0万円

売上げと売上原価がともに現金売上げと現金仕入れによるものであれば、現金収入は100万円、現金支出は90万円で現金は10万円残る。

　したがって、在庫の評価損を計上することは税務上も、財務上も会社にとって非常に大きなプラスになります。

　中小企業では在庫の評価損が計上できて一人前といわれるのですが、これは利益があがるようになり、こういったメリットを享受できるまで成長したことを意味しています。

　また、在庫の実地たな卸は大企業では当たり前ですが、中小企業では必ずしも当たり前ではありません。

　法人税の納税申告書のたな卸資産の内訳書には、実地たな卸の有無にチェックを入れるようになっていますので、融資先について確認してください。

　実地たな卸を行っていない場合には、貸借対照表に記載された帳簿上の在庫と、実際に存在している在庫とが食い違っていて当たり前です。

　ほとんどの事例では実際に存在している在庫のほうが少ないのですが、その場合には**在庫の減耗損の計上もれ**となっています。

　これを「**意図せざる粉飾**」といいますが、この辺りの管理状況もよくみておかなければなりません。

e　仕入債務（買入債務）回転期間

　仕入債務（買入債務）とは支払手形と買掛金の合計額です。仕入債務回転期間は商品を仕入れてから何カ月で支払うか、つまり仕入代金の支払期間を示しています。

仕入債務回転期間＝仕入債務／平均月商（カ月）

　（注）　裏書譲渡手形は支払手形に含めて計算します。

　仕入債務に対応しているのは売上高ではなく仕入高であるため、理論的にはこの算式の分母は月平均仕入高とすべきですが、たな卸資産回転期間と同様の理由で回転期間共通の分母として平均月商を採用しています。

　この期間については、長い場合と短い場合にそれぞれメリット、デメリットがあるため、一概に良否の判定はできません。

　たとえば、この期間を長くすることで資金繰りが楽になるというメリットがありますが、これに伴い仕入単価が割高になる傾向があります。

　逆に、この期間を短くすることで仕入単価を安くするというコストダウン効果がありますが、資金繰りはその分苦しくなります。

　また、この期間が長い場合でも、意図的に支払を引き延ばしている場合のほかにも資金繰りが苦しくて支払えない場合もありますし、この期間が短い場合でも意図的に早期に支払っている場合以外に、信用を供与してもらえずに早期の支払を強制されている場合もあります。

　したがって、仕入債務回転期間はそれを算定した後の原因分析・調査がポイントになります。

　なお、仕入債務回転期間は売上債権回転期間との相関関係のなかで決まることが多いため、その連動性にも注意する必要があります。

　たとえば、売上債権回転期間の延長は自社の資金繰りを苦しくさせますので、これにより支払の遅延が起こり、仕入債務回転期間が延長するといった

関係があります。

f　収支ズレ

　売上債権、たな卸資産および仕入債務の各回転期間は、資産・負債の内容の検討を行ううえで重要ですが、一方で企業が営業活動に必要な運転資金額を把握するうえでも役立ちます。

　「流動資産－流動負債」（または「（株主資本あるいは自己資本＋固定負債）－固定資産」）を正味運転資本と呼びますが、この流動資産のなかから売上債権とたな卸資産を、また流動負債のなかから仕入債務（買入債務）を取り出すと、運転資金（所要額）が把握できます。

売上債権＋たな卸資産－仕入債務＝運転資金（所要額）……①

　上記①式の各項を平均月商で割ると、「回転期間」が求められます。

$$\frac{売上債権}{平均月商}＋\frac{たな卸資産}{平均月商}－\frac{仕入債務}{平均月商}＝\frac{運転資金（所要額）}{平均月商}\quad\cdots\cdots②$$

　このことから、以下の算式が導かれます。

平均月商×（売上債権回転期間＋たな卸資産回転期間－仕入債務回転期間）
　　＝運転資金（所要額）……③

　この③式のカッコ内の部分、つまり上記の（売上債権回転期間＋たな卸資産回転期間－仕入債務回転期間）を「収支ズレ」といいます。

　この収支ズレは月数で表示されますので、次のように表すことができます。

> 運転資金（所要額）＝平均月商×収支ズレ

　収支ズレは、平均月商を基準にした運転資金需要割合を示し、さらにその企業の運転資金需要の体質を示しています。
　一般の企業では、収支ズレがプラス（売上債権回転期間＋たな卸資産回転期間＞仕入債務回転期間）である場合が多く、売上げの増加に伴い運転資金需要も増加します。
　逆に、収支ズレがマイナス（売上債権回転期間＋たな卸資産回転期間＜仕入債務回転期間）の場合は、売上げが増加するほど運転資金の余剰が発生します。
　後者のように収支ズレがマイナスとなる業態としては、売上げは現金売上げが中心で仕入れは掛仕入れが中心であるスーパーマーケット等があります。

3 生産性分析

(1) 生産性とは

一般に生産性とは、生産諸要素の有効利用の度合いと定義されており、生産要素の投入高に対する産出高の割合として示されます。

> 生産性＝産出高／投入高

これにより投入高に対して産出高が多ければ多いほど生産性は高く、逆の場合には生産性は低いということになります。

(2) 生産性の種類

投入される生産要素は、労働と資本に大別されます。
労働と資本は質の違う要素ですから、通常は労働・資本のそれぞれについて生産性を測ります。これらは、「労働生産性」「資本生産性」と呼ばれています。

> 労働生産性＝産出高／労働

> 資本生産性＝産出高／資本

(3) 労働生産性

労働生産性は物量的に表示する「物的労働生産性」と、金額的に表示する「価値的労働生産性」に分類されます。

a　物的労働生産性

> 物的労働生産性＝生産量／従業員数、労働時間など

物的労働生産性の分子は生産量、分母は労働量（たとえば、従業員数や労働時間など）です。

これは一人当り生産量、あるいは労働時間単位当り生産量として計算されます。

b　価値的労働生産性

> 価値的労働生産性＝売上高、生産高、付加価値額、利益額など
> 　　　　　　　　／従業員数など

価値的労働生産性は、労働生産性を金額で表示するものです。

算式の分子は売上高、生産高、付加価値額、利益額などであり、分母には従業員数などが考えられます。

一般的には分母に従業員数をとることが多く、「一人当り売上高」「一人当り生産高」「一人当り付加価値額」などとして計算されます。

(4) 資本生産性

資本生産性も労働生産性と同様に、「物的資本生産性」と「価値的資本生産性」に分類されます。

a　物的資本生産性

> **物的資本生産性＝生産量／設備台数、原材料など**

　物的資本生産性の分子は生産量、分母は、機械設備台数や原材料投入量などです。
　これは「機械設備1台当り生産量」や「原材料生産性」などとして計算されます。

b　価値的資本生産性

> **価値的資本生産性＝付加価値額／資本（総資本、有形固定資産など）**

　価値的資本生産性は、投下した資本がどれだけの付加価値を産出したかの割合を示すものです。
　分子には付加価値額が、分母には総資本、有形固定資産、機械設備（いずれも簿価）などが採用されます。

(5) 付加価値とは

a　付加価値とは

　付加価値とは、企業が生み出した新しい価値であり、利益の概念よりも広い考え方です。
　その金額は、売上高（生産高）から前給付原価を差し引いて求めます。
　「前給付原価」とは、その企業で新しく生み出した価値ではなく、他社が生み出した価値をいいます。

> 付加価値＝売上高－前給付原価

b　付加価値の内容

　付加価値の求め方には、前述の売上高から前給付原価を差し引いて求める「控除法」とは別に、その構成要素を合計して求める「加算法」があります。

　ここでは実務上よく利用されている日銀方式と中小企業庁方式をみておきましょう。

　①　日銀方式（旧「主要企業経営分析」による）

付加価値額＝経常利益＋人件費＋金融費用＋賃借料＋租税公課＋減価償却費

（注1）　人件費は法定福利費、福利厚生費、退職給付費用等を含みます。
（注2）　金融費用は支払利息、手形売却損、社債利息などです。
（注3）　賃借料は販売費・一般管理費のなかの地代・家賃、および製造原価のなかの動産・不動産の賃借料などです。
（注4）　「主要企業経営分析」の数値発表は現在中止されていますが、その考え方は利用できます。

　日銀方式は付加価値を構成する項目を限定して合計額を算出しますので、「加算法」に属します。また、減価償却費を付加価値に含めて加算しているので「粗付加価値」といいます。なお、減価償却費を含めないものを「純付加価値」といいます。

　②　中小企業庁方式（旧「中小企業の財務指標」による）

加工高＝生産高－（直接材料費＋買入部品費＋外注工賃＋間接材料費）

（注1）　中小企業庁方式では、付加価値額を加工高と表現しています。
（注2）　生産高＝純売上高－当期製品製造原価。
（注3）　「直接材料費」とは直接、消費高を把握できる材料費をいい、原料費または素材費などです。
（注4）　「買入部品費」とは加工することなくそのまま製品などに取り付けられ、その構成部分となる他企業から購入した部品の費用をいいます。

(注5)　「間接材料費」とは多数の製品の製造に関して共通的に使用される材料で、その消費額を特定の製品に直接賦課することが困難なもので、補助材料費、工場消耗品費、消耗工具費などをいいます。
(注6)　「中小企業の財務指標」の数値発表は中止されていますが、その考え方は利用できます。

　中小企業庁方式は、生産高から前給付原価を差し引いていくので「控除法」に属します。

　なお、加工高は製造業を対象としており、これを販売業に当てはめてみると売上総利益がほぼこれに該当します。

(6) 付加価値による生産性の分析

付加価値生産性分析で用いる指標についてみておきましょう。

① 労働生産性

労働生産性とは、従業員一人当りの付加価値額のことをいい、付加価値分析のなかで最も重視されています。

労働生産性＝付加価値額／従業員数

(注)　分母の従業員数は年間の平均従業員数です。

　労働生産性は、従業員一人当りの付加価値額ですから、いわば労働能率の良否を意味し、この金額の大きさが労働者の生産性を表すことになります。

② 付加価値率

付加価値率とは、売上高に占める付加価値の割合を示すもので、いわば企業の加工度（自社で付加した価値の割合）を知るための指標です。

付加価値率（％）＝付加価値額／売上高×100（％）

　付加価値率が高い企業が必ずしも収益性が高いとは限りませんが、付加価

値率を高めることが収益性向上のための一つの方策であることに間違いはありません。

ただし付加価値には、人件費など損益計算上の費用が含まれていますから、付加価値が増加し付加価値率が上昇しても、人件費等が過大に増加すれば経常利益は縮小します。

このことから、収益性と連動するかどうかは後述する分配の問題と関係します。

しかし、低付加価値であれば、人件費すら負担できないのも事実です。

③ 設備生産性（設備投資効率）

設備生産性（設備投資効率）とは、資本生産性を示す指標の一つで、生産設備がいかに有効に利用されているかを示すものです。

設備生産性（設備投資効率）＝付加価値額／（有形固定資産－建設仮勘定）×100（％）

（注）有形固定資産から建設仮勘定を控除しているのは、まだ使用していないために付加価値形成に貢献していないからです。

一般的に製造業の場合は、有形固定資産（建設仮勘定を控除します）を使用するのが妥当です。

この比率をみるうえで有形固定資産回転率と同様の注意点があります。

設備資産の取得後の年数が長く減価償却が進んではいますが、付加価値がある程度計上できている場合には設備生産性は高くなります。

しかし、このような状態は、将来的にはジリ貧になる可能性があります。

反対に、設備生産性が低水準であったとしても、期中の新規設備あるいは合理化・省力化投資が先行し、それがまだ業績に反映されていない段階では、将来的には設備生産性が上昇し、収益性向上に寄与することが期待できます。

したがって、現時点での数値水準だけをみて良否を判定するのではなく、その内容もあわせて検討しなければなりません。

さらに、設備生産性を付加価値率と有形固定資産回転率に分解することがあります。これにより設備生産性がどちらの影響をより多く受けているかがわかります。

付加価値額／（有形固定資産－建設仮勘定）
　　　（設備生産性）

＝付加価値額／売上高×売上高／（有形固定資産－建設仮勘定）
　　　（付加価値率）　　　　　　　（有形固定資産回転率）

付加価値の少ない売上高では付加価値率が低下してしまい、いくら有形固定資産回転率を高めても設備生産性は高まりません。

逆に付加価値率のみを重視すれば、売上高が伸びずに有形固定資産回転率にマイナスに影響します。付加価値率と有形固定資産回転率のバランスをとることで、設備生産性を高めるのがポイントです。

④　労働装備率

労働装備率とは、従業員一人当りの有形固定資産（建設仮勘定を除きます）がいくらであるかを示すものです。

労働装備率＝（有形固定資産－建設仮勘定）／従業員数

労働装備率が大きいことは、それだけ生産の機械化（製造業の場合）や営業拠点・手段が充実（販売業の場合）していることを示しています。

また、この指標は資本集約型企業において高く、労働集約型企業において低く表れます。

(7) 労働生産性の分解

労働生産性についてのさまざまな分解方法をみておきましょう。
① 従業員一人当り売上高と付加価値率に分解

> 付加価値額／従業員数 ＝ 売上高／従業員数 ×付加価値額／売上高
> 　（労働生産性）　　　（従業員一人当り売上高）　　（付加価値率）

この分解は小売業やサービス業など、労働集約的な業種において重視されています。

従業員一人当りの売上高が上昇しても付加価値率が低下すれば、労働生産性は低下する可能性があります。また、付加価値率がいくら上昇しても従業員一人当り売上高がそれ以上に低下すれば、労働生産性は低下してしまいます。

② 資本集約度、総資産回転率および付加価値率に分解

①では、従業員一人当り売上高と付加価値率に分解しましたが、このうち従業員一人当り売上高を資本集約度と総資産回転率とに再分解したものです。

> 付加価値額／従業員数＝総資産／従業員数×売上高／総資産
> 　（労働生産性）　　　　（資本集約度）　　（総資産回転率）
> 　　×付加価値額／売上高
> 　　　（付加価値率）

資本集約度は従業員一人当りの総資産の大きさを示しており、企業活動に投下された資本量と労働量との割合を表しています。一方、総資産回転率は投下された資本の運用効率を示すものです。

③ 労働装備率と設備生産性に分解

> 付加価値額／従業員数＝（有形固定資産－建設仮勘定）／従業員数
> 　（労働生産性）　　　　　　　　　　　（労働装備率）
>
> 　×付加価値額／（有形固定資産－建設仮勘定）
> 　　　　　（設備生産性）

労働装備率とは、従業員一人当りの有形固定資産（建設仮勘定は除きます）を示します。

一般に、手作業中心の労働集約型企業では労働装備率は低く、機械化・自動化の進んでいる資本集約型企業では労働装備率が高くなります。

人件費削減・IT投資が重視されている今日では、一般に労働装備率の引上げなしには労働生産性の向上は不可能といえるでしょう。

設備生産性は、有形固定資産（建設仮勘定を除きます）が付加価値を生み出すのにどれだけ貢献したかを表しており、設備の投資効率を示します。

投下資本の有効活用が図られなければ、労働生産性の向上はありえません。

ただし設備生産性は、設備投資に消極的な企業ほど高くなる傾向がありますので、その内容にも注意しなければなりません。

④ 労働装備率、有形固定資産回転率および付加価値率に分解

③の分解のうち、設備生産性を有形固定資産回転率と付加価値率に再分解したものです。

> 付加価値額／従業員数＝（有形固定資産－建設仮勘定）／従業員数
> 　（労働生産性）　　　　　　　　　　　（労働装備率）
>
> 　×売上高／（有形固定資産－建設仮勘定）×付加価値額／売上高
> 　　　（有形固定資産回転率）　　　　　　　　　（付加価値率）

この算式のうち、労働装備率と有形固定資産回転率を先に乗じると、従業員一人当り売上高となり、①の分解と同じになります。

この分解では、労働生産性向上のためには労働装備率、有形固定資産回転率、付加価値率といった諸要素の向上が必要であることが明確になります。

(8) 労働分配率の分析

a 労働分配率とは

生産された付加価値は、その生産に参加した者に配分されます。労働により参加した従業員には人件費として、資本により参加した株主には配当金で分配を行います。

このうち従業員（労働）に対する分配を労働分配率で表します。

すなわち労働分配率とは、付加価値に占める人件費の割合のことです。

> **労働分配率＝人件費／付加価値額×100（％）**

(注) 分子の人件費は賃金・給料や福利厚生費など、賃金・給料に付帯するいっさいの費用を含みます。

b 労働分配率と賃金水準

労働分配率の望ましい状態は、従業員に比較的高水準の賃金を支払いながら、労働分配率は極力低く抑え、資本分配率を高くするという状態です。

そのためには付加価値額を大きくし、労働生産性を高めることが必要になります。

しかし、現実には従業員の賃金水準が低いにもかかわらず、労働分配率が高く資本分配率が低いパターンが多いといえます。

労働分配率が高いと賃金水準が高く、逆に労働分配率が低いと賃金水準も低いと思われがちですが、労働分配率は賃金水準の高さを示すものではありません。労働分配率と賃金水準の関係は次のcでみることにしましょう。

c　労働生産性と労働分配率・平均賃金

労働生産性と労働分配率、平均賃金（従業員一人当り人件費）の間には次のような関係があります。

付加価値額／従業員数×人件費／付加価値額＝　人件費／従業員数
　　（労働生産性）　　　　　　（労働分配率）　　　（従業員一人当り人件費）

この算式により労働生産性が向上すれば、労働分配率を高めずに賃金水準を引き上げることができることがわかります。

また、労働生産性が向上しなければ、賃金水準も低くしないと労働分配率が高くなってしまいます。

したがって、賃金水準は労働生産性の向上の範囲で引き上げることが必要となります。

4　成長性分析

それでは成長性分析についてみていきましょう。

(1) 分析手法

成長性をみる指標としての前期比増減率には、二つの計算式があります。

> 売上高成長率＝当期売上高／前期売上高×100（％）

> 売上高成長率＝（当期売上高－前期売上高）×100（％）

（注）　売上高を例にとっての算式です。

前者は当期売上高と前期売上高との割合であり、比率数値が100％を超えている場合は、当期売上高が前期売上高より増加していることを示しています。

また、後者は当期売上高と前期売上高の差額と前期売上高との割合であり、前期売上高からの増加率を示しています。

(2) 指標の選択

成長性分析で利用する指標は、一般的には各分析分野の代表的な指標です。

例として収益性の場合は、次のような指標を用います。

　資本利益率、売上高利益率、資本回転率

売上高、経常利益、売上総利益

(3) 他社比較・業界比較の併用

　前期と比較、あるいは数期間を時系列的に比較して増加しているとしても、問題がないとは限りません。

　同業他社や業界平均がそれ以上に伸びている場合には、この企業の成長性には問題があるといえます。

5 その他の分析

最後にこれ以外の分析方法について、みておきましょう。

(1) 剰余金の分配の分析

a　配当性向

配当性向は、当期純利益のうち何パーセントを配当に回しているかをみるものです。

> 配当性向＝剰余金の配当／当期純利益×100（％）

大企業では、一株当り資本金額に対して一定の率で配当する安定配当を行っているケースが多く、その場合には当期純利益が増加すると配当性向は低下し、当期純利益が減少すると配当性向が上昇することになります。

一方中小企業では、配当性向が高い場合は次にみる内部留保率が低くなることから、経営上はあまり好ましくない状態といえます。

また、分子の剰余金の配当に自社株買いを加え、同様に当期純利益で除した比率は総配分性向と呼ばれ、株主への利益還元率を表しています。

b　内部留保率

内部留保率とは、当期純利益の何パーセントを社外流出せずに内部に留保したかをみるものです。

> 内部留保率＝内部留保（当期純利益－社外流出）／当期純利益×100（％）

社外流出とは剰余金の配当のことであり、現実に現金預金等の会社財産が支払われるので、内部留保の計算上は差し引きます。

ただし、この率のみで内部留保の充実度合いを判定するのは早計であり、その絶対額にも注意する必要があります。

なお、中小企業の場合、内部留保率については経営者の判断で、社外流出を自由に調整することが可能です。

堅実な経営者であれば、企業の内部蓄積に努めて企業の体質強化を心がけますので、この結果、社外流出は低く抑えられます。

この点から経営者の経営に対する姿勢を把握していくことも必要です。

(2) いわゆるキャッシュフロー

キャッシュフローという言葉は、さまざまな意味に使われています。

たとえば、上場会社等で作成されるキャッシュフロー計算書では、キャッシュフローを文字どおり資金の流れとしてとらえ、営業活動によるキャッシュフロー（本業と本業以外を含む事業活動から得られるキャッシュフロー）、投資活動によるキャッシュフロー（投資とその回収によるキャッシュフロー）、財務活動によるキャッシュフロー（調達と返済によるキャッシュフロー）に分類し、それぞれの計算区分ごとのキャッシュフローを表示します。

ただし、一般にいう「いわゆるキャッシュフロー」は、キャッシュフロー計算書における「営業活動によるキャッシュフロー」を概算計算したものを意味します。

これは長期借入金の償還原資として利用されており、その算式は次のとおりです。

いわゆるキャッシュフロー＝税引前当期純利益－税金・配当金＋減価償却費
　　　　　　　　　　　＝留保利益＋減価償却費

減価償却費は支出を伴わない費用であり、その金額相当の資金が内部に留保される自己金融効果があるため、いわゆるキャッシュフローを計算するうえではそれを足し戻します。

　つまり、減価償却前の利益を考えていることになります。

　いわゆるキャッシュフローは、自己資金、自己金融、内部資金、内部金融など、さまざまな呼び方がありますが、内容的にはすべて同一のものです。近年、特にこのキャッシュフロー重視の経営が唱えられており、注目されています。

6 粉飾決算の兆候と経営分析指標

　実際に決算書を分析するにあたっては、粉飾決算について、常に注意しておかなければなりません。

　粉飾した決算書をそのまま分析しても、会社の思うつぼでまったく無意味であり、騙されておしまいになるからです。

　ここでは粉飾決算の兆候が、どのように表れるかについてみておきましょう。

(1)　少額の利益、少額の資本（純資産）を計上していないか

　損益計算書でのわずかな利益や、貸借対照表でのわずかな資本（純資産）は、決算における利益操作の可能性を示唆しています。

　利益操作した決算書では、経常利益や当期純利益が極端に少なく、売上高に対する各種の利益率が1％に満たない例が多いのが特徴です。

　たとえば売上高1億円に対して、経常利益や当期純利益が数十万円、つまり売上高利益率が1％に満たない決算書です。

　こういった決算書が利益操作された典型例であり、利益の金額をそのまま真に受けてはいけません。

　これは少額の利益が、金融機関からの融資の継続と、法人税等の税金を少なくすることの両方に役立つため、意図的にそうなるように操作しているためです。

　かなり厚かましい話なのですが、信用と税金のバランスのうえからは、少額の利益は企業にとって非常に都合がよいのです。

　簿記を勉強した方は、利益は収益から費用を差し引いた最終的な結論とし

て求められるものと考えているのですが、粉飾した決算書では利益の額を先に決めてしまい、そうなるように途中で辻褄をあわせているわけです。

　この場合、損益計算書は下から上へ、つまり利益から順番につくられています。

　そのやり方として、たとえば翌期に計上するべき売上高を当期に繰り上げて計上することで収益の先取りをしたり、販売費および一般管理費の一部を資産である前払金や前払費用に振り替え、負債である未払費用や未払金の計上を少なくする、さらには固定資産の減価償却費を調整するなどによる費用負担の先送りもなされています。

　ただし、あまり利益を出しすぎると、今度は法人税等の税金の負担が重くなるため、ギリギリ最小限の利益を計上することになります。

　結果的に売上高に対する利益率がわずか０．数パーセントの決算書ができあがるのです。

　また、貸借対照表では、資産と負債の差額である資本（純資産）がプラスの場合には資産超過、資本（純資産）がマイナスの場合には債務超過といいますが、金融機関の決算書の見方として資産超過と債務超過では大きな違いがあります。

　つまり、プラスの資本（純資産）である資産超過は、仮にそれが少額であっても、少額の利益と同様に金融機関からの信用、すなわち融資の継続に役立つわけです。

　こういった事情から、貸借対照表上でわずかな資本（純資産）を計上する決算書が後を絶ちません。

　債務超過に転落することの防止策として、現実には架空資産を計上し、簿外負債をつくるケースがあります。

　架空資産とは実際には「ない」資産を「ある」ものとして表示する方法であり（カイティングといいます）、簿外負債とは実際には「ある」負債を「ない」ものとして表示する方法（ラッピングといいます）です。

よくある例としてたとえば、売上債権の回収がほとんど見込まれないのに貸倒引当金を計上していないケースでは、あるべき貸倒引当金の金額だけ売上債権が架空資産となっています。

また、時価が下落している不良在庫について、まったく評価損を計上していない場合も同様に、評価損相当額が架空資産になっています。

簿外負債の例では、たとえば退職金制度がありながら退職給付引当金が計上されていないケースが典型的な例です。

退職給付引当金は会計的には原則として強制計上なのですが、法人税法上は認められていないこともあって、上場会社や大会社は別として実際に計上しているのは優良企業だけです。

または、経費について現金主義（支出時に費用を計上する方法）を採用しており、未払金や未払費用をまったく計上していない例もあります。

資本（純資産）は資産から負債を差し引いて計算されるので、資産が過大で負債が過小であれば、差額の資本（純資産）は過大になっています。

総資産（＝総資本＝負債＋資本（純資産））に対する資本（純資産）の割合が1％未満であれば、売上高に対する利益率が1％未満である場合と同様に、決算書の信憑性を疑うべきでしょう。

(2) 損益計算書の営業利益から経常利益までに着目

損益計算書の見方のいちばん大きなポイントは、営業利益から経常利益にかけての動きに着目することです。

営業利益から経常利益までは、次のようになっています。

```
    営業利益
  ＋営業外収益
  －営業外費用
    経常利益
```

経常利益は臨時的な要素や異常な要素（これらは特別損益に計上されます。）を取り除いた正常な利益といわれていて、金融機関の与信判断の観点からは、この経常利益が最重要視されています。

このため、金融機関からの信用の継続を図るため、わずかな経常利益を計上しているケースが非常に多いのです。

ここでわずかな経常利益とは、具体的には経常利益を売上高で割った売上高経常利益率が１％未満の利益を指しています。

ここでの見方のポイントは、本業の利益である営業利益で支払利息等の営業外費用をまかなえているかどうかですので、これをみるために計算の順序を以下のように変えてみましょう。

```
　営業利益
－営業外費用
＋営業外収益
　経常利益
```

つまり、営業利益が支払利息等の営業外費用の負担で、どの程度失われるかをみるわけです。

営業利益よりも営業外費用のほうが多額であれば、営業利益から営業外費用を差し引いた段階で赤字になっているはずです。

日本では経常損失を計上している企業が大多数であり、企業全体の７割以上に達しているのですが、逆に過半数の企業では営業利益を計上しています。

つまり、本業の利益である営業利益で支払利息等の営業外費用を負担しきれなくて、経常損失に転落しているのです。

営業利益を超える営業外費用を計上し、それでもなお経常利益をあげていることも多いのですが、その場合には営業外収益の雑収益や雑収入等が原資

となって経常利益が計上されていることになり、表面上の利益の捻出をしていることがわかります。

こういった場合には、売上げによる利益は経常利益にはまったく残っていないため、総資産経常利益率や売上高経常利益率等の利益率を計算しても意味がありません。

また、企業会計原則の注解1「重要性の原則」では、経常利益のもとで表示される特別損益であっても、金額的に重要性が乏しい場合には、営業外損益として表示してよいことになっています。

このため、固定資産売却益等の本来は特別利益である項目が、雑収益や雑収入等の科目名で合法的に営業外収益に計上されているケースがあります。

実務では「雑」勘定や「その他の～」勘定は、小さいものを集めてきたというよりは、その内容を隠したい場合に使用されることが多いのです。

さらに当期純利益も経常利益と同様に、信用の継続のためにわずかな利益になるように操作されることが多く、当期純利益が少額である場合にも利益操作を疑うべきです。

(3) たな卸資産と減価償却費の増減に着目

粉飾決算で最もよく用いられるものがたな卸資産(在庫)を用いた粉飾と、減価償却費の調整による粉飾です。

たな卸資産の金額は損益計算書の売上原価の金額と密接な関係にあり、売れ残りであるたな卸資産の金額を水増しすれば、反対に売れたたな卸資産の原価すなわち売上原価の金額を過小計上することができ、その結果利益は過大に計上することができるからです。

この場合、売上高総利益率は上昇し、たな卸資産回転期間が延長するのはすでに見たとおりです。

さらに減価償却費は目にみえない費用を観念的に認識するものですから、一部の固定資産について減価償却費を過小計上すれば(これは、税法上はよ

くても会社法に違反しています)、それだけで利益の捻出は可能です。

　減価償却費が前期比で急減した場合は、設備の大部分を除却または売却した場合を除いて、費用の過小計上による利益の捻出の意図があると推定されます。

　したがってこの場合、本当の業績は表面上の利益よりも悪いと考えられます。

　逆に減価償却費が前期比で急増した場合は、多額の設備投資を行った直後を除いて、費用の過大計上による利益の抑制の意図があると推定されます。

　この場合は、本当の業績は表面上の利益よりもよいと考えられます。

　つまり企業には、業績が悪い時にはよくみせたがり、業績がよい時には悪くみせたがるという傾向があります。

(4) 売上高の内訳に着目

　貸借対照表と同様に損益計算書でも、まずは前期比較や数期間の推移をみてください。これは売上高に限らずすべての項目についていえます。

　次には売上げの内訳を知りたいものです。

　内訳は商品別や得意先別さらには地域別など、さまざまな切り口での内訳の把握が会社の事業の把握に役立ちます。

　また、一人当り売上高や、一坪当り売上高などの効率性をみる指標も重要です。

　さらに売上高の内訳を入手した際に、「その他の売上げ」が計上されている場合には注意が必要です。

　「その他の売上げ」のなかに、本来は特別利益として表示すべきである固定資産売却益が紛れ込んでいるかもしれません。

　また、**関係会社向けの売上げ**はいくらでもつくることが可能ですので、そのままうのみにすることはできません。

　その場合に商品を仕入れた側の関係会社が、それを在庫として抱えていれ

ば、実質的には未実現売上げとして売上高から除いて考えるべきものです。

特に関係会社の決算期が数カ月ずれているような場合には、これを利用して相互に売上げや仕入れ等を計上することで、利益を操作することがあります。

無理な売上げを計上していないかは、期末月売上げと翌期の期首月売上げの比較や上半期売上げと下半期売上げの比較、さらにはたな卸資産（在庫）の回転期間と売上債権回転期間を同時にみることである程度わかりましたが、ここではさらに架空売上げについてみてみましょう。

最も単純な架空売上げは、36頁でみた㈱エフオーアイのように帳簿上のみで売上げを計上し、当然にその回収がないものですが、次にあるのが借入金を売上げとして仮装するものです。

この場合は簿外の借入金からも支払利息が発生するので、負債に計上された借入金と支払利息の対応関係が崩れるのですが、支払利息をこれも簿外の預金口座から支払っているようなケースでは、意外と判明しづらいものです。

7 粉飾決算の実例

それでは倒産した大手スーパーの㈱マイカルの決算書を用いて、異常に低い利益率等の粉飾決算を見抜くために必要となる知識を確認しておきましょう。

平成13年9月14日、㈱マイカルは東京地裁に民事再生法の適用を申請し、財産保全命令を受け、事実上倒産しました。

小売業の問題点は、売上げの低迷に尽きます。消費者の嗜好は限りなく加速的に変化しており、この変化にいかに迅速に対応するかが最大の経営課題であるといえます。

㈱マイカルは、警察組織のトップを社長に招聘したまま倒産しました。残念ながら警察組織はトップダウンの指揮命令系統が徹底した典型的な官僚組織であり、時代の変化、消費者のニーズの変化に機敏に対応するようにはできていません。

経営者の根源的な能力として、その時々の環境の変化を敏感にキャッチする能力を備えていることが必要といえるでしょう。

(1) 平成12年2月期

まず損益計算書では、営業収益（売上高）約1兆円に対して経常利益は32億円であり、利益率は0.3%にとどまっています。

また、当期（純）利益は17億円であり、利益率は0.17%です。

売上高に対する利益率が1%未満の場合には、これを信じてはいけないことを思い出してください。

さらに先ほどの見方を使って、営業利益8,147百万円から先に営業外費用

㈱マイカルの決算書（第37期：平成11年2月1日～平成12年2月29日）

貸借対照表要旨
（平成12年2月29日現在）

（単位：百万円）

資産の部		負債の部	
科　目	金額	科　目	金額
流動資産	211,143	流動負債	178,448
現金預金	16,145	支払手形	17,648
受取手形	308	買掛金	88,862
売掛金	14,542	短期借入金	13,416
有価証券	5,201	転換社債	4,970
商品	55,104	設備関係支払手形	3,199
その他	119,964	その他	50,351
貸倒引当金	△122	固定負債	389,440
固定資産	652,634	社債	270,000
有形固定資産	171,142	転換社債	5,355
建物	57,031	長期借入金	28,882
土地	101,104	預り保証金	74,484
その他	13,006	退職給与引当金	5,188
無形固定資産	45,671	投資損失引当金	1,219
投資等	435,820	その他	4,311
投資有価証券	5,656	負債合計	567,888
子会社株式等	85,116	資本の部	
差入保証金	264,612	資本金	74,024
その他	131,033	法定準備金	137,351
貸倒引当金	△50,599	剰余金	84,917
繰延資産	404	（うち当期利益）	(1,784)
		資本合計	296,293
資産合計	864,182	負債・資本合計	864,182

損益計算書要旨
〔自　平成11年2月1日　至　平成12年2月29日〕

（単位：百万円）

科　目	金額
営業収益	1,081,022
営業費用	1,072,874
営業利益	8,147
営業外収益	5,145
営業外費用	10,048
経常利益	3,244
特別利益	73,748
特別損失	73,053
税引前当期利益	3,938
法人税、住民税および事業税	2,398
法人税等調整額	△243
当期利益	1,784
前期繰越利益	10,847
過年度税効果調整額	△1,159
税効果会計適用に伴う固定資産圧縮積立金取崩額	3,287
中間配当額	3,492
利益準備金積立額	349
当期未処分利益	10,918

（注1）　有形固定資産の減価償却累計額　80,739百万円
（注2）　一株当りの当期利益　5円62銭
（備考）　百万円未満の記載金額は切り捨てて表示しております。

㈱マイカルの決算書（第38期：平成12年3月1日〜平成13年2月28日）

貸借対照表要旨
（平成13年2月28日現在）

（単位：百万円）

資産の部		負債の部	
科　　目	金額	科　　目	金額
流動資産	619,068	流動負債	597,366
現金預金	27,951	支払手形	16,822
受取手形	490	買掛金	111,405
売掛金	18,328	短期借入金	318,606
有価証券	11,578	社債	23,500
商品	54,748	設備関係支払手形	10,038
短期貸付金	439,704	その他	116,994
その他	66,392	固定負債	653,579
貸倒引当金	△125	社債	319,000
固定資産	860,487	転換社債	5,355
有形固定資産	176,499	長期借入金	230,897
建物	54,874	預り保証金	66,058
土地	98,680	退職給与引当金	11,622
その他	22,944	投資損失引当金	682
無形固定資産	60,272	店舗閉鎖引当金	18,000
投資等	623,714	その他	1,963
投資有価証券	42,624	負債合計	1,250,945
子会社株式等	210,480	資本の部	
差入保証金	272,985	資本金	74,024
その他	122,739	法定準備金	137,858
貸倒引当金	△25,115	剰余金	17,327
繰延資産	600	（うち当期損失）	(62,012)
		資本合計	229,210
資産合計	1,480,156	負債・資本合計	1,480,156

損益計算書要旨
〔自　平成12年3月1日〕
〔至　平成13年2月28日〕

（単位：百万円）

科　　目	金額
営業収益	1,050,623
営業費用	1,042,969
営業利益	7,653
営業外収益	7,589
営業外費用	14,418
経常利益	824
特別利益	4,789
特別損失	112,068
税引前当期損失	106,454
法人税、住民税および事業税	678
法人税等調整額	△45,119
当期損失	62,012
前期繰越損失	7,747
中間配当額	1,577
利益準備金積立額	157
当期未処分損失	56,000

（注1）　有形固定資産の減価償却累計額　94,275百万円
（注2）　一株当りの当期利益　195円29銭
（備考）　百万円未満の記載金額は切り捨てて表示しております。

10,048百万円を差し引くと、その段階で1,901百万円の実質赤字になっていることがわかります。

　次に貸借対照表をみてみましょう。流動負債から流動資産を差し引いた金額（すなわちマイナスの正味運転資本）を不良債務ということがあるのですが、不良債務がある状態は短期的な安全性をみるうえでは危険信号です。

　この不良債務の概念は、下水道や市民病院など地方公共団体が経営する地方公営企業において重視されています。

　不良債務がある状態は、流動比率が100％を下回っている状態ですから、流動負債で固定資産が一部まかなわれていることになり、その部分については資金の回収よりも支払が先行するため、短期資金を圧迫します。

　㈱マイカルでは流動資産が流動負債を上回っていて、一見すると不良債務がないようにみえます。

　しかし、民間企業の「その他の流動資産」は資産性（資産価値）がほとんどありません。

　つまり、支出されたまま回収されずに終わるケースがほとんどです。

　「その他の流動資産」に計上されている119,964百万円を流動資産211,143百万円から差し引いた実質流動資産（価値のある流動資産、本当の流動資産）は91,179百万円であり、流動負債178,448百万円から実質流動資産91,179百万円を差し引いた実質不良債務（実際の不良債務）は87,269百万円になります。

　また、貸借対照表を再度バランスさせるために、資本の部（純資産の部）296,293百万円からその他の流動資産119,964百万円を差し引くと、実質資本の部（実際の資本の部）は176,329百万円になります。

　なお「その他の流動資産」は、㈱マイカルの場合、経営業績の悪い関係会社に対する貸付金すなわち不良債権であると推定されるため、回収がむずかしいと考えられます。

　不良債権であるこの貸付金の償却を行うと、損益計算書では営業外費用に

貸倒引当金繰入額（または貸倒損失）が119,964百万円計上されることになります。

売掛金などの営業債権の償却は営業費用である販売費および一般管理費に表示されますが、貸付金などの営業外債権の償却は営業外費用に表示されるためです。

表面上の経常利益3,244百万円から貸付金などの償却額を差し引くことで、実質経常損失（実際の経常損失）は116,720百万円となります。

(2) 平成13年2月期

損益計算書では、営業収益（売上高）約1兆円に対して経常利益は8億円であり、利益率は0.08％に低下しています。

1％未満の利益率は疑わしいのですが、0.1％未満の利益率は、ほとんど黒に近い灰色といってよいでしょう。

また、営業利益7,653百万円から営業外費用14,418百万円を差し引いた実質赤字も、前期比で3倍強の6,765百万円に拡大しています。

貸借対照表では、資産合計が1,480,156百万円になっており、前期比で約71％増加しています。

イメージとして資産合計は人間でいう体重、売上高は人間でいう身長のようにみるのが適当です。

㈱マイカルでは、売上高は前期比で微減です（背が縮んだ）が、資産合計が1.71倍に急増している（急に太った）ため、これだけで病気にかかっていることがわかります。

資産の中身をみると、不良資産である「その他の流動資産」は66,392百万円となっていて一見すると前期より減少しているようにみえますが、「その他の流動資産」と短期貸付金439,704百万円をあわせた金額は506,096百万円であり、これをもって「その他の流動資産」としなければなりません。

したがって、表面上の流動資産619,068百万円から不良債権である「その

他の流動資産」506,096百万円を差し引いた実質流動資産は112,972百万円になります。

さらに流動負債597,366百万円から、この実質流動資産112,972百万円を差し引いた実質不良債務は484,394百万円（5,000億円弱‼）となります。

この段階で実質資本の部は、表面上の資本の部229,210百万円から「その他の流動資産」506,096百万円を差し引いて276,886百万円のマイナス（債務超過）になっています。

この修正を損益計算書で行うと、営業外費用に貸倒引当金繰入額（または貸倒損失）が506,096百万円追加計上される結果、表面上の経常利益824百万円は跡形もなくなり、505,272百万円（5,000億円強‼）の経常損失になります。

これに加えて、子会社の純資産は一部の優良会社を除いてマイナス（つまり債務超過）であることが推定されるため、子会社株式210,480百万円もそのほとんどについて資産性がないと考えられ、子会社株式を資産から除くと同額の資本（純資産）の減少となる結果、実質資本の部は487,366百万円（これも5,000億円弱‼）の債務超過になります。

第 2 章

業種別経営分析

第 1 章では各種の経営分析比率をみましたが、これらの比率は業種の違いを超えて、財務の安全性や業績の良し悪し等を判定する経営分析に利用できるものです。
　見方を変えれば、業種や業態の特殊性を捨象した比率であるといえます。
　これらの比率が重要である一方で、業種ごと、業態ごとの特殊性にも配慮しなければなりません。
　これはたとえば人間の健康診断を行う場合に、一般的な検査項目のほかに、年齢、性別、職業、生活習慣や環境等により特別の検査項目を設けるのと似ています。
　さらに業種ごとにどのタイミングで、どういった資金需要が発生するのかを知っておくと大変便利です。また本章では、業種ごとのKFS（Key Factor of Success：成功のカギ）にも触れていますので、ぜひ取引先企業を理解するための参考としてください。
　それでは業種の特徴と、それぞれの資金需要の発生状況をみていきましょう。

1 建設業

(1) 全体の業況

　アベノミクスによる国土強靭化基本計画、東京オリンピックを控えた建設需要の高まりなどから建設業は数十年ぶりの活況を呈しており、「ミニバブル」といった表現もされています。

　ただし、大都市と地方とではかなりの温度差があり、たとえば大都市では旺盛なオフィス需要や高層マンション等の需要があるのですが、地方では人口が減少していることもあって、そういった需要はほとんどないのが現状です。

　建設業全体で建設資材や人件費・外注費が高騰するなか、建設業界においても、これに対する対処のいかんによって業績のよい企業と悪い企業の格差が広がっており、いわゆる勝ち組と負け組が明確になってきています。

　勝ち組の企業は建設資材や人件費・外注費の高騰に対して、顧客に価格転嫁できているのですが、負け組の企業はそれができていないわけです。

　また他の業界であれば、合併や買収等のM&Aにより問題企業が吸収されるのが一般的ですが、建設業においては2社が1社になるとそれだけ受注の機会が減少することから、その動きもほとんどみられません。

　業績のよい会社では資金繰りにも問題はなく、赤字になる可能性のある工事を、そもそも受注しない経営方針を採用することができますが、資金繰りの苦しい会社では、目前の工事をみすみす見逃すことについて、かなり抵抗があるようです。

(2) 業種の特徴

建設業では建設業法に基づき、開業時に都道府県知事または国土交通大臣から建設業許可を受ける必要があります。

建設業者とは、建設業法に基づく許可を受けて建設業を営む者であり、工事を総合的に請け負う総合建設業（ゼネコン）、部分的に請け負う職別工事業（サブコン）および設備部分を請け負う設備工事業に大別されます。

また、業種の特徴として大量見込生産ではなく個別受注生産であり、大手企業の原価計算では個別原価計算が採用されています。

営業面では競争入札での受注や元請けからの値引要請があるなど、利益に対する制約が大きいといった特徴があります。

なお大手企業は別として、積算見積りなどの計数管理に難があり、業界全体が「どんぶり勘定」といわれるゆえんになっています。

建設業では最大手のスーパー・ゼネコンを頂点として、従業員のいない一人親方までの階層構造・ピラミッド構造となっている点も大きな特徴です。

さらに建設業界では、規模の大小によって財務構造そのものはあまり変わりません。

変わるのは金額の単位だけですので、この章での分析手法は汎用性のあるものといえます。

なお、建設業では経営事項審査（経審、下記 b を参照）の評点が重要視されていることから、一定の業績を確保することが課題となるため、粉飾決算の可能性は他の業界よりも高くなっていますので、決算書を分析する際には特に注意が必要です。

a　粉飾決算について

粉飾決算の例としては、工事中でも進捗度に応じて売上高を計上する工事進行基準と、完成・引渡しにより売上高を計上する工事完成基準を工事ごとに使い分けたり、工事間の原価の振替えにより完成ずみの工事の原価を未完

成の工事に付け替えて、資産として計上するなど、利益操作されているケースが多いことにも注意が必要です。

完成ずみの工事の原価を未完成の工事に付け替える場合には、下請業者に対して請求書の発行を遅らせることを要請している場合もあり、その発見はむずかしいものがあります。

特に仕掛品を意味する未成工事支出金の評価は、間接工事費の配賦を行うこともあって恣意的かつ主観的なものになりやすいため、その内訳・内容に注意が必要です。

こういった資産を過大計上する方法以外にも、本来会社が負担するべき追加工事や工事原価の増加分について、下請業者への発注を隠ぺいして費用を過小計上しているケースもあります。

最も操作が容易なのは工事進行基準を採用している場合に、工事の進捗度を高く見積もる手法です。高く見積もればその分だけ売上高に相当する完成工事高が多額に計上されます。

これ以外にも下請業者へいったん多額の支払を行い、支払金額と適正な金額との差額を裏金としてプールする、いわゆる「預け金」といった裏金づくりが行われることもあります。

さらに契約書の取交しは工事が始まってから、ひどいときには工事が終わってからといったこともあり、受注した工事の仕事内容の確認も必要となります。

b 経営事項審査について

公共工事の各発注機関は、競争入札に参加しようとする建設業者についての資格審査を行うこととされており、当該発注機関は欠格要件に該当しないかどうかを審査したうえで、**客観的事項と主観的事項の審査結果を点数化し、順位づけと格付をしています。**

このうち客観的事項の審査が経営事項審査といわれる審査制度であり、この審査は「経営状況」と「経営規模、技術的能力その他の客観的事項（経営

規模等評価といいます)」について数値により評価するものです。

なお、経営状況の分析については、国土交通大臣が登録した経営状況分析機関が行っています。

経営事項審査では売上高(完成工事高)、自己資本の額、および利益のほかに、以下のような指標が用いられています。

① 純支払利息率

$$純支払利息率＝支払利息－受取利息配当金／売上高×100（\%）$$

売上高に占める実質的な金利負担を表しており、比率が低いほうが負債に対する抵抗力があります。受取利息配当金をマイナスする点が、「純」金利となるゆえんです。

② 負債回転期間

$$負債回転期間＝負債／平均月商（カ月）$$

負債が平均月商の何倍あるかを示し、期間が短いほうが財務的に安全であることを示しています。

③ 総資本売上総利益率

$$総資本売上総利益率＝売上総利益／総資本×100（\%）$$

資本効率を売上総利益段階でみたもので、比率が高いほうが資本効率がよいことを示します。

④ 売上高経常利益率

> 売上高経常利益率＝経常利益／売上高×100（％）

収益性を経常利益段階でみたもので、比率が高いほうが収益性も高いことを示します。

⑤ 自己資本対固定資産比率

> 自己資本対固定資産比率＝自己資本／固定資産×100（％）

固定比率と分子・分母は逆になっていますが、固定資産が自己資本でまかなわれているかどうかをみる比率です。比率が高いほうが財務の安全性は高くなります。

⑥ 自己資本比率

> 自己資本比率＝自己資本／総資本×100（％）

通常の自己資本比率と内容は同じです。比率が高いほうが財務の安全性も高くなります。

⑦ 営業キャッシュフロー（絶対額）

> 営業キャッシュフロー（絶対額）＝経常利益＋減価償却費－法人税等
> ＋引当金増加額－売掛債権増加額＋仕入債務増加額
> －たな卸資産増加額＋前受金（未成工事受入金）増加額

これはキャッシュフロー計算書における営業活動によるキャッシュフローを概算計算したものです。ただし、「いわゆるキャッシュフロー」（60頁参

照）よりは詳しくなっています。

　また、ここでの「営業」は本業のみではなく、事業活動全体を意味しています。

　なお、比率化する際には1億円で除して％表示します。

⑧　利益剰余金（絶対額）

利益剰余金（絶対額）＝利益剰余金

　これはこれまでの利益の蓄積額です。

　貸借対照表での表示上は、純資産のなかで利益準備金とその他利益剰余金で表示されていますので、その合計額になります。

　これも比率化する際には、1億円で除して％表示します。

(3)　建設業におけるKFS

　建設業のKFSは、短い工期でいかに効率よく工事を完成させるかに尽きます。

　工事期間が長くなればなるほど、人件費や外注費といったコストが増加する要因となり、さらには工事が失敗するリスクが高まります。

　このほかにも円安や工事案件の急増から来る建設資材の高騰や、人手不足による人件費・外注費の単価の高騰への対応の良し悪しも、業界内で業績が二極化する大きな要因となっています。

　また、建設業は下請け、孫請け等が重なる重層構造になっていますので、一部の業者の納期遅延が全体に影響を及ぼすことから、工事全体としての工程管理（トータルコーディネート）が重要になります。

　さらに、品質管理面でのISO規格の認証取得や、独自の新しい工法の開発、IT化など、技術力の強化も避けて通れない課題となっています。

(4) 建設業の経営分析指標

まずは、建設業特有の勘定科目を整理しておきましょう。

建設業の勘定科目名	通常の勘定科目名	備考
完成工事未収入金	売掛金	売上げかつ未収入
未成工事支出金	仕掛品	支出したが完成していない
未成工事受入金	前受金	入金したが完成していない
完成工事高	売上高	工事の完成＝売上げ
完成工事原価	売上原価	完成工事に対応する原価

建設業においてポイントとなる経営分析指標には以下のものがあります。

① 一人当り完成工事高

> 一人当り完成工事高＝完成工事高／従業員数

一人当り売上高に相当する比率です。この比率が重要なのは他の業界と同じです。

② 完成工事高人件費比率

> 完成工事高人件費比率＝人件費／完成工事高×100（％）

売上高に占める人件費の割合です。近年の賃金の急騰の影響を知るために重要です。

③ 完成工事高外注費比率

> 完成工事高外注費比率＝外注費／完成工事高×100（％）

売上高に占める外注費の割合です。工事を下請業者に出した場合には、人件費ではなく外注費になります。これも近年の値上りの影響を測るために重要です。

④　与信対受信比率

> 与信対受信比率＝完成工事未収入金／未成工事受入金×100（％）

与信（完成工事未収入金）と受信（未成工事受入金）の比率です。

これは一概に高ければよい、低ければよいというものではありませんが、この比率が上昇した場合には、資金負担が重くなったことを意味しますので、適切な範囲に収まるように管理する必要があります。

⑤　完成工事未収入金回転率

> 完成工事未収入金回転率＝完成工事高／完成工事未収入金（回）

一般企業での売掛金回転率に相当する比率です。

この比率は高いほうが債権の回収速度が速く、資金繰りが楽になります。

⑥　未成工事支出金回転率

> 未成工事支出金回転率＝完成工事高／未成工事支出金（回）

一般の製造業での仕掛品回転率に相当します。

建設業では完成すると引渡しになるため、一般企業での製品在庫に相当するものはありませんので、この比率は貯蔵品等を除いてそのままな卸資産回転率になります。

この比率も高いほうが、資金効率がよいといえます。

⑦ 受注残

決算書には表れてきませんが、受注残の動向も重要です。

仕事がない場合には、人件費等の固定費のみが発生するため、経営上の大きな負担が発生します。

常時、継続的な仕事があるかどうかが重要なわけです。

ここで業界大手の大成建設㈱（連結）について、主だった指標をみておきましょう。

（単位：百万円、％、回）

		平成25年3月期	平成26年3月期
①	一人当り完成工事高	83.27	87.73
②	完成工事高人件費比率	9.14	9.55
③	完成工事高外注費比率	52.29	51.24
④	与信対受信比率	371.75	315.97
⑤	完成工事未収入金回転率	3.29	3.45
⑥	未成工事支出金回転率	16.88	20.68
⑦	受注残	1,542,922	1,645,578

②③は、土木事業と建設事業について計算しています。

②の人件費比率の上昇は、③の外注費比率の低下でカバーしています。

その他の指標も、おしなべて改善傾向を示していて、好調さがうかがえます。

それでは、建設業の完成工事原価報告書の例をみておきましょう。

完成工事原価報告書では、外注費の比率が高いことがわかります。このなかには下請け、孫請け業者等への支払が含まれていて、内容的には材料費、労務費、および経費が含まれています。

大成建設㈱の完成工事原価報告書

区分	注記番号	前事業年度 自 平成24年4月1日 至 平成25年3月31日		当事業年度 自 平成25年4月1日 至 平成26年3月31日	
		金額（百万円）	構成比（％）	金額（百万円）	構成比（％）
材料費		113,428	11.5	132,851	12.5
労務費		72,494	7.3	84,436	8.0
（うち労務外注費）		(72,494)	(7.3)	(84,436)	(8.0)
外注費		655,882	66.5	677,023	63.9
経費		145,155	14.7	165,508	15.6
（うち人件費）		(42,097)	(4.3)	(41,762)	(3.9)
計		986,961	100	1,059,819	100

（注）　原価計算の方法は、個別原価計算である。

　経費のなかの人件費は、間接人件費で特定の工事に後付けできないものを各工事に配賦しています。

　なお個別原価計算とは、工事ごとに発生した原価を集計する方法です。

(5) 倒産会社の事例

　それでは建設業の倒産会社の事例として、倒産した㈱多田建設の決算書（債権者集会で配られた資料）から、粉飾の方法を探っていくことにしましょう。

　㈱多田建設のケースでは、債権者集会において以下の修正貸借対照表が配られました。

　この貸借対照表は、取得原価主義ではなく時価主義で作成されていますので、元の状態からは変化して当然なのですが、そのあまりの変わりように関係者が絶句し、債権者集会の会場が静まり返りました。

　現在の企業会計における決算書は、「継続企業の公準」といわれる前提のもとに作成されています。

　これは、企業は倒産しないという前提です。

(株)多田建設の修正貸借対照表

(平成9年6月30日現在、単位:百万円)

科　目	平成9年3月簿価価格	平成9年6月修正後金額	修正額	修正事由	内　容
【資産の部】	[169,106]	[94,398]	[74,708]		
現金預金	4,222	5,947	1,725	当座貸越分調整	
受取手形	25,850	19,119	▲6,731	手形銘柄不良分減額	
完成工事未収入金	8,773	2,045	▲6,728	長期滞留分▲6,217、残額80％を評価	
不動産事業未収入金	287	287	0		
有価証券等	6,146	2,826	▲3,320	上場株式6/30現在時価、その他ゼロ評価	有価証券・投資有価証券
不動産事業支出金等	21,814	9,596	▲12,218	平成8年度路線価等時価の90％	不動産事業支出金、販売用不動産
未成工事支出金等	53,363	28,901	▲24,462	4～6月原価振替17,227減額、残額80％を評価	未成工事支出金、材料貯蔵品
貸付金等	16,563	1,019	▲15,544	関係会社向け等減額	短期・長期貸付金
未収入金等	12,145	323	▲11,822	関係会社向け等減額	未収入金、長期未収入金
その他流動資産	2,681	489	▲2,192		
有形固定資産等	13,604	7,118	▲6,486	土地・建物について平成8年度路線価等時価の90％	有形・投資固定資産
無形固定資産等	54	432	378	借地権は市場価考慮（50％減額）	借地権・商標権・電話加入権
関係会社株式	1,457	523	▲934		
その他投資等	2,147	1,192	▲995	会員権は市場性考慮	会員権、敷金・保証金、生損保掛金
保証債務見返り	0	14,581	14,581		
【負債の部】	[154,776]	[171,405]	[16,629]		
支払手形	27,676	27,676	0		
工事未払金等	1,514	1,514	0		工事未払金・未払金
短期・長期借入金	58,606	60,331	1,725	当座貸越分加算	
割引手形	13,464	13,464	0		
未成工事受入金等	45,230	29,940	▲15,290	4～6月売上高振替分15,290減額	
不動産事業受入金	415	415	0		
賞与引当金等	1,025	1,025	0		賞与・退職給与引当金
保証債務等	1,649	31,844	30,195	偶発債務等全額計上	保証債務損失引当金を含む
その他負債	5,195	5,195	0		
【欠損金】	[14,330]	[▲77,008]	[▲91,338]		

(資料)　債権者集会で配布された資料より。

この前提のもと、資産評価の取得原価主義や費用配分の原則といった会計原則が導かれ、固定資産の減価償却等が行われます。
　取得原価主義とは、資産をその取得に要した金額で評価する方法であり、これは資産を使用する期間の費用を一括で前払いしたと考えていることによります。
　つまり、資産を長期の前払費用とみているため、いま売ったらいくらかといった時価評価の発想は出てきません。
　その後、その資産を償却費という費用に振り替えていきますが、これが費用配分の原則です。
　この原則に従って、固定資産の減価償却等が行われるわけです。
　しかし倒産時にはこの前提がなくなるため、会社を清算した場合にいくらで売れるのかという観点すなわち売却時価で貸借対照表の再評価がなされます。
　仮に倒産していなくても、その可能性がある場合には、この時価評価の発想で貸借対照表を見直すことが必要となります。
　なおこの事例では、再評価は決算日から3カ月後に行われていますので、決算日から3カ月のズレがあります。

a　資産をみるうえでの注意点

資産をみるうえでは、虫食い状態になっていないか、つまり架空資産（資産計上されているが、価値のない資産）となっていないかに注意しなければなりません。

　それでは、現金預金からみていくことにしましょう。

① 現金預金

　これについては、事例でも当座貸越分を調整しているだけであり、架空資産部分はありません。
　当座貸越を短期借入金に表示するために、言い換えれば当座預金をマイナスではなくゼロにするために調整を行っているので特に問題はありません。

② 受取手形

手形銘柄不良分が6,731百万円あり、それを減額しています。

手形銘柄不良分は、具体的には手形期日におけるジャンプを繰り返している銘柄であり、取立てに回すと支払人が倒産するため、取り立てられないものです。

受取手形の内訳書等（これは法人税の納税申告書の添付書類として必要です）をみることで、これらのジャンプ手形の存在を知ることができます。

③ 完成工事未収入金、不動産事業未収入金

これらの科目はそれぞれ建設業と不動産業における売掛金を意味します。

完成工事未収入金についても長期滞留分が6,217百万円あり、これについての回収見込みはないとしてゼロ円で評価するとともに、残額についても20％の貸倒れを見込んでいます。

ここでも内訳書（法人税の納税申告書の添付書類）をみることで、期首から期末にかけての動きのないものはゼロ評価を行い、回収のルールから外れているものは20％の貸倒れを見込んでいます。

なお、この科目は建設業と不動産業ともに、回収不能部分について、最も粉飾されやすい科目です。

④ 有価証券等（有価証券、投資有価証券）

上場株式については6月末現在の時価で評価し直し、残額はゼロ円で評価しています。

同族会社の株式等の流通性のないものについては、仮に相続税評価額が高くても基本的に流通性はなく売却不能であるため、ゼロ円での評価が妥当です。

また、時価が取得原価の半額以下となった場合には強制評価減が必要ですが、これを行っていなかった可能性が高いと思われます。

有価証券等と不動産については常に時価での評価を考え、含み損益を把握することが重要です。

⑤　不動産事業支出金等（不動産事業支出金、販売用不動産）

不動産事業支出金は不動産業における仕掛品、販売用不動産は商品や製品に該当します。

これらについては路線価等の時価の90％で評価していますが、結果的に12,218百万円の評価減となっており、取得原価の半額以下となっています。

これについても、低価法どころか強制評価減を行っていなかった可能性が大です。

このように流動資産に含まれている不動産についても、時価を考慮する必要があります。

⑥　未成工事支出金等（未成工事支出金、材料貯蔵品）

未成工事支出金は建設業における仕掛品を意味しています。

未成工事支出金から4～6月にかけて工事の完成により完成工事原価（売上原価）に振り替えた部分17,237百万円があり、これは特に問題にはなりません。

それ以外の部分については20％の評価減を行っていますが、中断工事や赤字工事がないかどうかにも注意しなければなりません。

⑦　貸付金等（短期・長期貸付金）、未収入金等（未収入金・長期未収入金）、その他流動資産

これらのその他の流動資産については、特に関係会社向け等の債権の減額を行っていますが、その大部分が回収不能な債権であったことがわかります。

これらの「その他の流動資産」は、いわゆる粉飾のゴミ箱といわれており、極端に資産性（資産としての価値）に乏しいのが実情です。

特に関係会社向けのものは、科目名に関係なく実質的にはすべて貸付金であり、しかも回収よりもさらなる貸付（追貸し）のほうが予想されるケースが多いといえるでしょう。

業績が悪いため自社では金融機関からの借入れができない、資金繰りの苦

しい関係会社からの金融支援の要請を断ることはむずかしいからです。

　実務上はこれらの「その他の流動資産」は、すべて資産価値がないとみなしたほうがよく、これを貸借対照表の資産から除くとともに、同額を資本（純資産）から除くべきです。

　さらにその前期比増加額は不良債権の増加額であり、実質的には相手先の会社への寄附金に近いことから、損益計算書の当期純利益からマイナスして考えるべきです。

　⑧　有形固定資産等（有形固定資産・投資固定資産）

土地・建物について、路線価等の時価の90％で評価しています。

　これらは使用目的であるため、一般的には時価で評価されることはありません。

　しかし、減損会計が適用されると時価の低下が著しい場合には、評価減が強制されることになります。

また、借入金の担保価値評価の観点からも不動産の時価評価は重要です。

　⑨　無形固定資産等（借地権・商標権・電話加入権）

　借地権について、路線価等時価の90％で評価しています。ここでは唯一含み益となっている項目です。

　⑩　関係会社株式

非上場株式であるため、一株当りの時価として一株当り資本（純資産）で評価し、必要なものには評価減を実施したものと推定されます。

　関係会社株式の価値は株式の発行会社の資本（純資産）の価値に比例するため、これについて評価するには、株式発行会社の貸借対照表の資本（純資産）を利用して、一株当りの資本（純資産）を算出し、株数を乗じて計算します。

　仮に株式発行会社が債務超過（資本（純資産）がマイナスの状態）であれば、株式の価値がゼロになります。

⑪　その他投資等（会員権・敷金・保証金・生損保掛金）

会員権は市場性を考慮し、50％を減額しています。

これについても有価証券と同様に時価の把握を行い、時価のつかないものはゼロ円での評価が妥当です。

なお保険積立金はその評価にあたり、支払った保険料の総額ではなく、解約した場合の解約返戻金で評価します。

⑫　保証債務見返り

負債に計上された保証債務等のうち、求償権として保証先から回収可能な部分です。

負債に計上された保証債務等31,844百万円のうち、14,581百万円しか求償できず、この差額の17,263百万円が当社の負担となり損失になります。

建設業界においては、特にこの債務保証が多額であるため、保証債務の履行が確実であれば、これを負債に計上するとともに、求償により保証先から回収可能なものは資産に計上して考えることで真の経営実態が把握できます。

b　負債をみるうえでの注意点

負債をみるうえでは、簿外負債（記載されていない負債）になっていないか、過小計上（記載はされているが、金額が不足している負債）になっていないかに注意しなければなりません。

簿外負債や過小計上は、その額だけ資本（純資産）を過大に計上することになるからです。

①　短期・長期借入金

当座貸越分の加算の調整を行っています。悪質な粉飾では、簿外借入金があることもあります。

さらに支払利息は借入金と合理的に対応しているか等のチェックが必要であり、支払利息等／借入金で計算される支払金利率が異常な高金利となった場合には、簿外借入金が存在するか、あるいは個人からの借入金など、実際

に高金利の場合が想定されます。

また、逆にこの支払金利率が異常な低金利となった場合は、支払利息等をたな卸資産や固定資産の原価に算入しているケースが考えられます。

② 未成工事受入金

未成工事受入金は建設業での前受金に相当する科目です。 4～6月までに完成工事高に振り替えた15,290百万円の減額をしていますが、特に問題はありません。

建設業の貸借対照表では、未成工事支出金（仕掛品）と未成工事受入金（前受金）のバランスが重要であり、前者が後者を大きく上回るときは、多額の資金負担が生じていることになります。

③ 保証債務等

建設業での最大の問題点は、この保証債務です。

建設業の貸借対照表では、保証債務の履行が確実に予想される場合には、保証債務を負債に計上し、求償により保証先から回収可能な部分については、保証債務見返りとして資産に計上して考えなければなりません。

この事例においても、修正項目のうち最大の修正額になっています。

この業界の慣習として、受注の際に顧客の借入金の債務保証を行ったり、同業他社でお互いに債務保証を行ったり、下請けの借入金に対して債務保証を行ったりとさまざまなケースでの債務保証があります。

保証債務の履行が確実でなくても、その発生の可能性が高い場合には、債務保証損失引当金が必要となり、発生の可能性が低い場合には注記することになっているのですが、現実には引当金を計上していることは少なく、注記すらないことのほうが多いのが実情です。

c 損益計算書について

損益計算書では売上高は完成工事高、売上原価は完成工事原価で表示され、個別原価計算が行われる点を除いては、大きな特徴はありません。

しかし売上高に比べて極端に低い経常利益率や当期純利益率（いずれも

1％未満）の場合には、利益操作が行われている可能性が高い点は、他の業種と同じです。

それ以外にも受注残の推移等、財務諸表に表れてこない情報にも注意する必要があります。

(6) その他関連業種のポイント

それでは、建設業のなかでもさらに細分化して、それぞれの業態を理解するうえでのポイントをみておきましょう。

a　中小工務店

中小工務店として建設業を営むためには、1件500万円未満の軽微な工事を請け負う業者を除いて、建設業法による建設業の許可を取得しなければなりません。

個人が住宅を建てる場合、ハウスメーカーに依頼することもありますが、多くのケースでは費用面から従業員数50人ぐらいまでの中小工務店が中心となっています。

財務面では工事施工中の下請業者への外注費や材料費の立替払いが生じるため、施主からの工事代金の入金までの運転資金の手当が重要となります。

消費税の増税後の反動から一部に受注難のケースも生じていますが、基本的には仕事そのものは減っておらず、むしろ人件費、外注費や材料費の高騰が業績の足を引っ張っているケースが一般的です。

また最近では、bのリフォームや増改築工事の受注に活路を見出す例も増えています。

b　住宅リフォーム

公益財団法人住宅リフォーム・紛争処理支援センター「住宅リフォームの市場規模（2013年版）」によると、平成8年までは市場規模は順調に拡大していましたが、平成8年の約5.7兆円から平成21年には約4.4兆円にまで落ち込むなど、長く縮小傾向にありました。近年は、プレハブ住宅の躯体耐用年

数の長期化や、共同住宅という性質上建替えがむずかしいマンションの増加等によるリフォーム需要を受けて拡大傾向にあり、平成25年の市場規模は約6.1兆円となっています。

　課題としては、増改築修理に適した設計・施工技術が未発達であり、さらに施工する職人数が不足しているためクレーム件数も多く、一部には高齢者をねらった悪質リフォーム業者も存在する点などがあげられます。

　近年は耐震性やバリアフリー、断熱性への関心が高まっており、これらについては地方自治体が補助金等の優遇措置を設けているため、その利用による需要喚起が期待されています。

　リフォーム工事は1件当りの規模が小さい割には新築工事と同程度の職能が必要であり、手間がかかる半面、1職種当りの仕事量が少なくなるため、一般的には採算はとりにくくなっています。

　経営的にはここでも二極化が進んでおり、一人当り人件費には業者間の差異はあまりない一方で、一人当り売上高には大きな差があるため、この金額が業績の良否の判断材料になります。

　資金需要としては、元請工事の場合は竣工検査後の現金回収が中心になるので、需要はあまりありませんが、下請工事の場合は受注先企業の支払条件によっては資材費や人件費等の支払が先行するため、この部分についての運転資金需要が発生します。

　中堅企業のなかでは積極的な店舗展開を図るところもあり、その場合には店舗の開設時の差入保証金等の資金需要や、コンピュータ設置などの設備投資面での資金需要が発生します。

2 不動産業

(1) 全体の業況

　不動産業も建設業と同様に地域性が強く、業界内で明暗の分かれている業界です。
　首都圏、中部圏、関西圏といった大都市圏は、不動産需要の高まりにより好況を呈していますが、地方では一転して構造不況業種のままです。
　対象となる地域で人口が増加しているか、地価の上昇がみられるかどうかが、業況判断の目安となります。

(2) 業種の特徴

　不動産業はピラミッド構造となっている建設業と異なり、平面的に業者同士がつながっているのが特徴です。
　大企業と中小企業の間でも上下関係はあまりなく、一種の仲間世界を構築しています。
　物件に関する情報はその地域での同業者内で共有されているケースが多く、素人は入りづらい業界です。
　このことから同業者間の仲間取引も多く、一時的に資金負担を回避するために同業者へいったん売却し、その後買い戻す買戻し条件付きの売買も行われています。
　この場合には、不動産は借入金の担保として動いているにすぎず、譲渡担保と同様に一種の資金取引・金融取引とみる必要があります。
　売上げの相手先リストによってこれを推定することは可能ですが、買戻し

されるまでわからないこともよくあります。

また同業者への債務保証等、簿外取引の有無にも注意しなければなりません。

(3) 不動産業におけるKFS

不動産業で販売をメインにしている場合、借入金により不動産開発を行い、販売によって得られた資金で、借入金を返済するパターンが一般的です。

また、賃貸をメインにしている場合には、貸借対照表の固定資産の部に不動産を計上し、これを賃貸することで家賃収入を得ることになります。

なお賃貸している土地・建物は、自社利用のものとともに有形固定資産に計上されています。

一般の事業会社の場合は、賃貸用の不動産は固定資産の「投資その他の資産」の区分に投資不動産として計上されますが、不動産会社では不動産賃貸業も本業であることから、通常の有形固定資産として表示されます。

ここでは大企業と中小企業に共通のKFSと、それぞれに固有のKFSとに分けて考えてみましょう。

大企業と中小企業に共通のKFSは、販売がメインの場合は販売用不動産の在庫とそれに見合った借入金の回転をいかによくするか、すなわち滞留物件の発生防止です。

一方、賃貸業がメインの場合は、更地・空室の防止と賃貸未収入金の滞留をいかになくすかです。

借入金については年商との比較のほか、支払利息等の営業外費用が営業利益を超えているかどうかが、借入金が過大か否かをみるうえでの判断基準となります。

仮に支払利息等が営業利益を超えている場合には、先にみたようにその時点で経常損失のはずだからです。

第2章 業種別経営分析 97

なお、大企業に固有の問題として、販売用不動産の低価法（原価と時価の低い価額で評価する方法）による評価減と固定資産の減損の問題があります。

　不動産を商品・製品として流動資産のたな卸資産に計上すると販売用不動産となり、賃貸用不動産は固定資産に計上されるのですが、販売用不動産は時価の低下があれば、固定資産の場合でも時価が50％程度以上下落している場合には原則として評価減が強制されます。このルールを守っていない例が散見されます。

　中小企業に固有の問題としては、販売用ないし賃貸用不動産の評価減の未実施と、不動産への支払利息の原価算入の問題があります。

　中小企業では不動産についての時価の下落が認識されずに原価のままで表示されていることが多いのですが、本来、会計的には大企業と中小企業の差はなく、販売用不動産は時価が低下していれば評価損を計上するべきですし、賃貸用不動産の時価の下落が著しい場合には原則として減損損失の計上が必要となります。

　不動産業では、会社法上は支払利息の資産原価への算入は適法なのですが、これには「開発」が要件となっています。

　単に右のものを左に移すだけでは「開発」に該当せず、中小の不動産業者ではほとんどがこの要件を満たさないため、支払利息を資産原価へ算入することはできません。

　この場合は時価の推定を行い、再評価した金額で貸借対照表を組み直すべきです。

　また、中小の不動産業者では土地の登記簿謄本がすべてそろっていなかったり、測量が不十分であったり、複雑な権利関係を放置した結果、権利者が不明瞭となっていることがあります。さらに切れ端のような半端な土地があることもあり、まず権利関係資料が十分に整理されているかどうかが問題になります。

　賃貸物件を保有している場合には、テナントに対する未収入金の滞留状況

が問題になります。

　また、賃貸物件についての減価償却を法人税法上の限度額いっぱいまで行っているかどうかといった問題もあります。賃貸料収入が減少している場合にそれにあわせて減価償却費を減少させて、表面上わずかな利益を装っていることもあるからです。

(4) 不動産業の経営分析指標

　まずは、不動産業特有の勘定科目を整理しておきましょう。

不動産業の勘定科目名	通常の勘定科目名	備　　考
不動産事業未収入金	売掛金	売上げかつ未収入
販売用不動産	商品または製品	完成した在庫
不動産事業支出金	仕掛品	支出したが完成していない

　ポイントとなる経営分析指標には、以下の比率があります。

a　販売用不動産回転率

販売用不動産回転率＝売上高／販売用不動産（回）

　一般企業でのたな卸資産回転率に相当します。この比率が高いほうが完成から販売の期間が短く、資金効率がよいことを意味します。

b　不動産事業支出金回転率

不動産事業支出金回転率＝売上高／不動産事業支出金（回）

　一般企業での仕掛品回転率に相当します。これも比率が高いほうが、開発期間が短く、資金効率がよいことを意味します。

c　借入金月商倍率

> 借入金月商倍率＝長短借入金／月商（倍）

　月商の何倍の借入れがあるかを示します。超大企業を除いて、一般的には12倍（つまり12カ月分の売上高相当の借入金）が限界といわれています。

d　売上高総利益率（粗利率）

> 売上高総利益率（粗利率）＝売上総利益（粗利益）／売上高×100（％）

　この比率は他の業界と同様に不動産業でも重要です。この比率が異常に高い場合にはハイリスクなビジネスモデルの可能性もあり、一概に高いからよいとはいえない点にも留意しなければなりません。

e　売上高販管費比率

> 売上高販管費比率＝販売費および一般管理費／売上高×100（％）

　この比率は上記 d 売上高総利益率と相関関係にあり、売上高総利益率が高い場合には、一般的には売上高販管費比率が高くなります。

f　売上高金融費用負担比率

> 売上高金融費用負担比率＝支払利息等／売上高×100（％）

　支払利息等は営業外費用に計上されますが、特に借入金依存度の高い不動産業では大きなコスト要因ですので、別に考える必要があります。

業界大手の三菱地所㈱（連結）について、主だった指標をみておきましょう。

(単位：回、倍、％)

		平成25年3月期	平成26年3月期
①	販売用不動産回転率	6.1	16.2
②	不動産事業支出金回転率	2.7	3.4
③	借入金月商倍率	26.4	21.9
④	売上高総利益率（粗利率）	20.9	22.2
⑤	売上高販管費比率	8.1	7.2
⑥	売上高金融費用負担比率	2.6	2.1

すべての比率が改善しており、きわめて順調に推移しています。

ここで、不動産業の開発事業等売上原価報告書の例をみておきましょう。

開発事業等売上原価報告書では、土地代の比率が高いことがわかります。

さらに付帯事業原価が、建築費よりも多くなっていることも目につきます。

大成建設㈱の開発事業等売上原価報告書

区　分	注記番号	前事業年度〔自 平成24年4月1日　至 平成25年3月31日〕 金額（百万円）	構成比（％）	当事業年度〔自 平成25年4月1日　至 平成26年3月31日〕 金額（百万円）	構成比（％）
土地代		10,586	35.8	31,009	56.3
宅地造成費		217	0.7	75	0.1
建築費		3,359	11.4	7,021	12.7
経費		6,858	23.2	8,623	15.6
付帯事業原価		8,542	28.9	8,408	15.3
計		29,564	100	55,136	100

(注) 原価計算の方法は、個別原価計算である。

なお、個別原価計算とは、物件ごとに発生した原価を集計する方法です。

(5) 倒産会社の事例

次に倒産会社の事例をみておきましょう。なお、㈱ノエルの決算書は19頁に掲載していますので参照してください。

㈱ノエルは昭和44年9月に創業、昭和47年に法人化した神奈川県の東証二部上場企業です。

平成19年8月期の連結売上高は805億円の中堅企業でしたが、平成20年10月30日に自己破産の申請を行い、倒産しました。

㈱ノエルは破産手続開始決定の公表と同時に、監査法人トーマツから平成20年8月決算について監査意見不表明の通知を受けたことを公表しており、その通知文は以下のとおりです。

「継続企業の前提に関する注記に記載されているとおり、会社は不動産市況の悪化による販売不振により営業損失を計上し、特別損失としてたな卸資産の評価減等を実施した結果、16,488百万円の当期純損失となり、8,510百万円の債務超過となった。

この状況に対応して、経営改善策の策定と向こう3カ年の中期経営計画を策定し収益構造の再構築を図ること、また、財務体質の安定化として、金融機関の協力を仰ぎながらたな卸資産の早期売却を進め借入金の返済を実行するとともに、毀損した自己資本の回復等に向け第三者割当をメインシナリオとする資本増強策を模索することとしている。

会社の対応策は、上記対策の実現及び金融機関の協力に依存しているが、不動産市況から当該経営改善計画の達成は不透明な状況であり金融機関の融資姿勢も明確となっていないこと、また、資本増強策についても未だ決定していないことから、向こう1年間の事業継続性に関する合理的な心証を得ることが困難な状況となった。

このため、当監査法人は、継続企業を前提として作成されている上記の連

結決算書類に対する意見表明のための合理的な基礎を得ることができなかった。

　当監査法人は、上記事項の連結決算書類に与える影響の重要性に鑑み、株式会社ノエル及び連結子会社から成る企業集団の当該連結決算書類に係る期間の財産及び損益の状況についての意見を表明しない。」

　24頁の㈱ノエルのキャッシュフロー計算書をみると、倒産した要因がわかります。

　ここでの営業活動によるキャッシュフローは、確認できる平成15年8月から倒産時に至るまで継続してマイナスとなっています。

　さらにここ数年は営業活動によるキャッシュフローのマイナス幅は毎期100億円を超えており、主な原因としてたな卸資産の増加がその要因となっています。

　それに加え、営業活動によるキャッシュフローのマイナスを、すべて財務活動によるキャッシュフローでまかなっています。

　つまり、事業を行ううえで発生する資金不足、特に在庫の増加分を継続的・恒常的に借入金でまかなっていたことになります。

　18頁の同社の「主要な経営指標等の推移」によれば、平成19年8月期までの5年間は増収増益の決算でしたが、キャッシュを伴わないかたちだけの利益を計上していたことがわかります。

　すなわち、「勘定あって銭足らず」を地で行っていたわけです。

　㈱ノエルは神奈川県を走っている東急田園都市線で「グランノエル」シリーズのマンション分譲を行い、そのグレードの高さから地域住民にはそれなりに好評を博していました。

　不動産市況の悪化による一般顧客の買控えや、投資用マンション需要の低迷、さらに外資系の不動産ファンドが施設の購入をやめたことが直接の倒産要因ですが、キャッシュフローの状況からみると、同社のビジネスモデルそのものに無理があったようです。

(6) その他関連業種のポイント

それでは、不動産業のなかでもさらに細分化して、それぞれの業態を理解するうえでのポイントをみておきましょう。

a 住宅分譲業

不動産業の業態は、①開発・分譲、②流通、③賃貸、④管理事業の四つに分類されますが、住宅分譲業は開発・分譲事業のなかでも主に宅地や戸建て住宅、マンションなどの住宅を開発し販売する業務を指します。

住宅需要はここ数年減少が続いていましたが、住宅ローン減税をはじめ、フラット35の金利優遇など政策的に需要の促進が図られています。

しかし、最近では建設資材や人件費等の上昇から販売価格は高止まりしており、郊外物件の販売は依然として厳しい状況となっています。

㈱東京商工リサーチ「TSR中小企業経営指標（平成26年版）」における「建物売買業、土地売買業」をみると、業種の特性としては、たな卸資産回転期間が業界平均で6カ月弱と長く、また在庫の資金調達はそのほとんどが借入金によるため、借入金月商倍率が業界平均で10倍（10カ月分の月商相当）超と長くなっています。

なお、不動産業における借入金月商倍率は、一部上場企業等を除いて一般的には12倍（12カ月分の月商相当）が限度であるとされています。

施工はその大半が外部工事業者、下請業者に依存しており、これらの業者の信用力や取引条件等の確認が必要です。

マンション分譲業者の支払は、着工時10％、上棟時10％、竣工時80％を現金・手形で行い、戸建て分譲業者の場合は建設の進捗状況に応じて現金・手形で行うケースが一般的です。

進捗管理においては現地確認を行い、事業計画がとん挫していないか、販売開始後も売れ残りが大量に発生していないかに注意が必要です。

たな卸資産である販売用不動産については、時価が原価よりも下落した場

合には時価で評価する低価法が適用されるため、正しく評価されているかを確認する必要があります。

　また、売れ残り物件を固定資産に振り替えた場合には、時価の下落が著しいとき（おおむね50％程度以上の下落）は原則として減損処理が必要になります。

　住宅の販売価格は土地の仕入価格に建築コスト（資材費や人件費など）を加え、想定した売上総利益（粗利）を加えて決定されるのが普通ですが、マンション分譲業者の場合は売上高総利益率（粗利率）が20％、戸建て分譲業者は同15％程度が目安となります。

　近年の大都市近郊における土地の仕入価格の値上りや、資材価格の高騰と人手不足による人件費・外注費の上昇により売上原価の増加が起こっていないかにも注意しなければなりません。

　資金需要の主なものは土地の仕入れに係るものですが、これ以外にも住宅完成までの建築資金需要が発生するため、運転資金需要は旺盛となっています。

b　アパート・マンション経営

　アパート・マンションの経営主体の大半が個人の土地所有者であり、節税対策、相続対策、遊休土地の有効活用や長期安定収入の確保を目的として参入するケースが主です。

　最近では建物部分の金額が大きく、相続税法上の評価が取得価額から大きく下がるタワーマンションを利用した相続税の節税が広く行われています。

　間取りなどの設備や構造、築年数だけでなく、最寄り駅までの距離や、単身者向けであれば近くにコンビニエンスストアがあるかなど、交通機関や生活環境などの立地条件により、賃貸収入は大きく影響を受けるため、家賃、敷金、礼金は近隣相場と比較して妥当かどうかの検討が必要です。

　さらに初めから顧客層を絞り、この顧客にはこういう設備需要があるといった観点で設計を行うのが理想です。

また、事業計画においては、資金面と損益面の両面でのシミュレーションが必要です。
　必要資金は建築資金と当初の運転資金ですが、本体工事以外の別途工事等も考慮しなければなりません。これには、たとえば上下水道負担金や外溝工事費、駐車場棟の敷地造成費用などがあげられます。
　一方の運転資金は、開設当初を除けば基本的には発生しません。
　建設に必要となる資金の調達においては、自己資金のウェイトが高いことが望まれますが、資金計画を立てるうえでは、空室の見込みを厳しく見積もることや、定期的な修繕が必要となることなどを織り込むことが重要です。

3 小売業

(1) 全体の業況

　小売業では全般的に、平成26年4月に実施された消費増税以降の売上高の低迷が目立ちます。

　大企業の従業員は一般的に給料が増えているため、商品が値上りしても特に消費者の購買力に変化はありません。

　しかし、中小企業や下請業者で働く従業員は、給料はそのままで消費増税等による物価上昇のしわ寄せをまともに受けており、多くの消費者の購買力が大きく低下していることが、小売業の売上高の低迷の原因としてあげられます。

　また、全国的に大都市圏では消費者の購買力はほぼ維持されているのですが、地方ではその低下がみられ、業況はまだら模様となっています。

　一方で、食料品に特化している企業や地場に固定客を有している企業では、地方であっても消費増税の影響を乗り越えており、きわめて好調な業況となっています。

(2) 業種の特徴

　業種の特徴としては、最終消費者を顧客としているため、景気の変動による影響を直接受ける点があげられます。

　さらに品ぞろえを豊富にすることが求められる一方で、売れ筋商品と死に筋商品の峻別作業も必要であり、この両者のバランスをとらなければならないむずかしさがあります。

なお、小売業といっても、取り扱う商品や顧客層によってかなり差があるため、ひとくくりにするのではなく、さらに細分化してみていく必要があります。

(3) 小売業におけるKFS

高度成長時代には「売上げはすべてを癒やす」といった考え方もありましたが、現在では効率性を追求した経営が求められ、単に売上げをあげるだけではなく、利益を伴った売上げであることが必要とされています。

したがって現状では安売り戦略は時代にそぐわず、特定の顧客層を対象にした高付加価値の商品を開発、販売することが重要になります。

安売り戦略で一世を風靡したダイエーがイオングループの傘下に入り、ダイエーの商号が消滅したことが、時代の変化を物語っています。

さらに商品だけでなく、店舗の明るさや清潔感といった店内環境の良好さも、経営には不可欠です。

大手スーパーでは食料品については順調に利益をあげている一方で、衣料品は軒並み苦戦していることから、消費者の嗜好にあった商品開発や売り場づくりがいかにむずかしいかをうかがい知ることができます。

単に商品の種類や量を増やすのではなく、そこにしかないニッチ市場・ニッチ商品を自らつくりだすことが成功のカギといえるでしょう。

(4) 小売業の経営分析指標

小売業の経営分析指標のなかでは、特に効率性を示す指標として以下の二つの指標が重要視されています。

a　従業員一人当り売上高

従業員一人当り売上高＝売上高／従業員数

小売業は売上効率のアップが経営の課題となっており、人的な面では一人当り売上高をあげることが課題となっています。

さらに売り場ごとの、従業員一人当り売上高の管理も必要です。

b　売り場一坪当り売上高

> 売り場一坪当り売上高＝売上高／売り場面積（坪）

同様に物的な面では、売り場一坪当り売上高をあげることが課題です。これも売り場ごとの管理が求められています。

この二つ以外にも、損益計算書における以下の比率も用いられています。

c　売上高総利益率（粗利率）

> 売上高総利益率（粗利率）＝売上総利益（粗利益）／売上高×100（％）

たとえばスーパーマーケットでの売上高総利益率（粗利率）は、一般的には20～25％程度ですが、**売上高総利益率に最も影響を与えるのは廃棄ロスや返品ロスです。**

売値そのものは他企業と同じであっても、これらのロスが売上原価に含まれることで、ロスの大小により売上高総利益率は大きく変わってきます。

小売業では仕入れの巧拙だけではなく、商品を売り切る力、販売力の有無が勝負の分かれ目になります。

d　売上高販管費比率

> 売上高販管費比率＝販売費および一般管理費／売上高×100（％）

小売業において仕入れに次いで大きな費用である**人件費**、店舗の**賃借料**（自社物件の場合は減価償却費）や**広告宣伝費**等の販売費および一般管理費

（販管費）が売上高に占める割合です。

　これらのほとんどは売上高に比例しない固定費的な性格をもっているため、費用対効果を測ることが困難であり、管理方法としては予算管理を徹底することが重要になります。

e　売上高金融費用負担比率

> 売上高金融費用負担比率＝支払利息等／売上高×100（％）

　支払利息等は販売費および一般管理費ではなく営業外費用に計上されますが、実態としては営業活動に不可欠のものであることから、売上高販管費比率にこの比率を補足して考える必要があります。

　営業利益ベースで黒字であっても、営業外費用の負担ができずに経常利益ベースでは赤字になったのでは経営が成り立たないからです。

　支払利息等も人件費と同じく典型的な固定費であるため、支払利息等までを含めた管理が必要となります。

f　たな卸資産回転率

> たな卸資産回転率＝売上高／たな卸資産（回）

　この比率は高いほうが在庫の回転が速く、資金効率がよいことを意味しており、特に、売り場ごと、たなごとにみていかなければなりません。

　なお、この比率は、上記c売上高総利益率（粗利率）と同時にみる必要があります。

　たな卸資産回転率が低下した場合、それが滞留在庫を原因とするときは売価を下げるケースが多いため、売上高総利益率は低下気味になります。

　さらに滞留在庫がある場合には時価が下落しており、評価損が計上もれとなっていることも推定されます。

同じくたな卸資産回転率が低下した場合であっても、それが架空在庫（在庫の水増し）によるときは、売上原価を過小計上することになるため、逆に売上高総利益率は上昇します。

　つまり、たな卸資産回転率が低下した場合、それが滞留在庫によるものか、架空在庫（在庫の水増し）によるものかは、売上高総利益率とあわせてみることで、その原因がわかります。

　なお、架空在庫（在庫の水増し）は特定の店舗、特定の売り場で行われることが多いため、前期末比で在庫が急増している店舗や売り場については、特に注意しなければなりません。

　業界大手の㈱セブン＆アイ・ホールディングス（連結）について、主だった指標をみておきましょう。

（単位：千円、％、回）

		平成25年2月期	平成26年2月期
①	従業員一人当り売上高	35,473	37,901
②	売上高総利益率（粗利率）	18.6	17.5
③	売上高販管費比率	25.3	24.3
④	売上高金融費用負担比率	0.1	0.1
⑤	たな卸資産回転率	30.8	27.9

　①従業員一人当り売上高は、前期比で7％上昇しています。

　②売上高総利益率（粗利率）の低下を、③売上高販管費比率の改善で吸収しています。

　なお、④については実質無借金経営のため、金融費用はほとんどありません。

(5) その他関連業種のポイント

それでは、小売業のなかでもさらに細分化して、それぞれの業態を理解するうえでのポイントをみておきましょう。

a　ドラッグストア（医療品小売業）

訪日外国人観光客の増加によるインバウンド需要の恩恵を、大きく受けている業界です。

特に地方では低価格商品への需要は依然として強く、食品関係の商品などはスーパーマーケットの需要を一部取り込んでおり、比較的順調な業況となっています。

財務面では人件費と賃借料、広告宣伝費のウェイトが高いのが特徴であり、その管理が重要となります。

これに加えて、たなごとのたな卸資産回転期間（回転率）にも注意しなければなりません。

医療品小売業が扱う一般医療品は、医薬品のリスクに応じて以下のように分類されています。

① 第1分類……安全上、特に注意を要する成分を含む医薬品。薬剤師による販売が義務づけられています。
② 第2分類……入院相当以上の健康被害が生じる可能性のある成分を含む医薬品です。
③ 第3分類……日常生活に支障をきたすほどではないが、身体の変調・不調が起こるおそれのある成分を有する医薬品です。

なお、一般用医薬品の情報提供に関しては、薬局では薬剤師が、医薬品小売業では薬剤師または登録販売者の配置が法令によって義務づけられています。

ここで登録販売者とは、都道府県知事が行う試験に合格し、登録を受けた者をいいます。

b　生花販売業

　財務面では人件費のウェイトが大きく、また廃棄によるロス率が約30％と高いため、廃棄を減らすためにいかに効率よく仕入れを行うかがポイントとなります。

　平均的な生花店の売上構成は、店売りが約60～70％程度、外売り（企業用やお稽古用またはホテルや結婚式場、葬儀場用）が約30～40％程度となっています。

　このうち外売りは需要が減少傾向にあるのですが、一定の安定した売上げが確保できるため営業活動も必要です。

　また、売上げの60～70％が外売りを含む固定客向けとなっていることから、継続的な取引が期待できる顧客層の維持・獲得が課題となっています。

　小規模な販売店では、卸売市場の競り売りによる仕入れは量が多すぎることから、仲買人や産地直送による小ロットで多品種の仕入れも行われています。

　資金需要としては、企業向け以外は現金売上げ、現金仕入れがほとんどですので、季節的な大口取引を除いて運転資金需要はあまりありません。

　設備資金需要には、テナント出店や店舗の改装、花の鮮度を保つための設備投資などがあります。

c　中古車販売業

　一般社団法人日本自動車販売協会連合会および一般社団法人全国軽自動車協会連合会が公表する統計資料によると、平成25年の新車販売台数は約538万台である一方、中古車販売台数は約690万台であり、平成5年以降、中古車販売台数は新車販売台数を上回っています。また、中古車販売台数のうち、約4割を軽自動車が占めています。

　日本政策金融公庫「小企業の経営指標2014」によると、黒字かつ自己資本プラス企業平均での売上高総利益率は25％以上を確保しているものの、販売費および一般管理費のうち約半分は人件費となっており、黒字企業であって

も営業利益率は2％程度と低いのが特徴です。

　中古車の登録台数の月別状況は3月の登録台数が最も多く、年間登録台数の12～14％を占めています。

　むずかしいのは車の価値の見極めであり、走行距離だけでなく消耗度合い等も含めて総合評価しなければなりません。

　在庫リスクが特に大きい業態であることから、3カ月程度売れない場合は他の中古車業者へ転売することも多いようです。

　販売不振による在庫車両の長期滞留→在庫車両の価値の低下→利益の減少または損失の発生→資金繰りの悪化→仕入資金のショート→支払債務の遅延とならないよう、注意が必要です。

　近年の傾向としては、低価格車の増加による粗利益の減少と顧客からのクレームの増加があります。

　また、中古車価格は毎日のオークションで改定されているため、継続的な情報収集も必要となります。

　運転資金需要としては主に在庫資金が中心になり、設備資金需要としては展示場や整備場の取得資金があります。

d　ホームセンター（DIY用品販売業）

　ホームセンターの販売は現金取引が多く、仕入れは手形取引であるケースが多いため、運転資金需要は比較的少ないのですが、商品によっては回転期間が長くなったり、デッドストックが発生しやすいのが特徴です。

　したがって、ここでも売り場ごと、たなごとの回転期間を把握できる在庫管理が必要です。

　出店に係る資金は自社所有の店舗のみならず、店舗リースによる場合も多額の建設協力金の支払が必要となることが多いため、設備資金需要は旺盛です。

　この設備資金の投下資金の回収は営業キャッシュフローによりますが、これについては、出店予定地の商圏や競合関係などを十分に調査する必要があ

ります。

　また売り場に従業員が多いほど、正社員比率が高いほど、一坪当りの売上高と売上高総利益（粗利益）がともに高く、かつ商品回転率が高くなる傾向があり、さらに規模が大きいほど客単価は高くなっています。

e　ガソリンスタンド

　主力商品のガソリンは、小口の一般消費者が対象の典型的な薄利多売商品です。

　一般社団法人日本石油協会「石油製品販売業経営実態調査報告書（平成25年度）」によると、営業利益ベースでガソリンスタンドの約4割が赤字経営とされ、特に給油所を1カ所のみ運営する小規模な事業者の約半数が赤字であり、業況は必ずしもよくありません。

　さらに石油相場の変動により経営は大きく影響されるため、経営の安定はむずかしい面があります。

　一方でタイヤやバッテリー等の販売や洗車、整備点検サービス等の油外商品の営業利益に占める割合は約3割あり（石油情報センター「給油所経営・構造改善等実態調査報告書」）、ガソリン需要の低迷を受けて重要性を増しています。

　元売りから特約店への売渡形態はタンクローリーによる持届け制が一般的です。

　この場合の支払サイトは月末締め後30日の現金決済が原則ですが、徐々に短縮傾向にあります。

　売上代金の現金回収率はガソリンで4割弱、軽油で約2割といわれ、掛売りが多いのが特徴で、日本政策金融公庫「小企業の経営指標2014」によると売上債権回転期間は1.3カ月程度となっています。

f　ラーメン専門店

　ラーメン専門店を開業するには、食品衛生法に基づく営業許可申請を保健所に提出し、営業許可証の交付を受ける必要があります。

ラーメン専門店は競合による脅威が常時存在する激戦の業態です。

　人気店等が新たな場所に出店するケース、人気店等で修業した職人が独立して新たな場所に出店するケース、低価格を武器にしたチェーン店が出店するケースなど、新規参入が絶え間なく行われています。

　味だけではなく立地条件も重要であり、かつ他の外食産業に比べて固定顧客の割合が高いため、いかにして固定客をつかむかがポイントです。

　平均的な規模（月商250万～400万円）のラーメン専門店の営業利益率は5～8％が目安といわれています。

　なお外食産業特有の経営指標としてはFL比率があり、これは食材費（Food Cost）と人件費（Labor Cost）の合計を分子とし、売上高を分母とした比率です。

　ラーメン専門店ではこの比率を60％以下にコントロールする必要がありますが、これは食材の質を落としたり賃金単価を単に下げるのではなく、材料の廃棄ロスを減らしたり、時間帯ごとの客数にあった従業員のシフトを組むといった工夫が必要です。

　なお、店舗を賃借している場合は家賃の金額によって経営は大きく左右されますので、負担の程度が妥当か否かの検討が必要です。

　運転資金面では、麺や他の食材はほとんど現金仕入れによりますが、掛買いの場合でもおおよそ1カ月で決済されています。

　一方の販売面では店売り、出前ともに現金回収がほとんどで、掛売りは少なく、掛売りの場合でも通常1カ月以内で回収されているので、運転資金需要はあまり発生しません。

　ラーメン店は熱（火力）と油を多く使うので、他の飲食店に比べて調理施設等の消耗が激しく、3～5年に1回は改修・改装する必要があるため、設備投資資金の需要が大きいのが特徴となっています。

　設備投資の際の借入金は、他の業種と同様にその後の売上げによる営業キャッシュフローで返済することになります。

g　コンビニエンスストア

　大手のうちセブン-イレブン以外は消費増税後、既存店売上高の前年割れが続いており、定価販売に対する消費者の見方は厳しく、スーパーマーケットとの競合が熾烈なものになっています。

　コンビニエンスストアの最大の特徴は、フランチャイズ（FC）システムの導入です。FCシステムとは、本部（フランチャイザー）が加盟店（フランチャイジー）に商標の使用を許諾し、経営指導を行い、本部が一定のロイヤルティを得るシステムです。

　システム開発力やプライベートブランドの開発、大量仕入れによるバイイングパワー（購買力）の観点から、大手3社（㈱セブン-イレブン・ジャパン、㈱ローソン、㈱ファミリーマート）とそれ以下の会社とは大きな格差が開いており、店舗や会社の買収等の企業再編も盛んです。

　最近では、全国的に画一な商品を販売するのではなく、「地産地消」の考え方に基づいて地域の特性に応じた地域限定の商品開発が進んでおり、かつ店舗ごとに重点商品が異なるようになってきています。

　業績は立地による部分が多く、商圏としては通常、都市部で半径300m圏内、住宅街で500m圏内、郊外で1,000m圏内程度が目安とされています。

　取扱品目は一般に2,500～3,500品目程度であり、店舗面積による物理的な制約から1品種当りの品目数を絞り込んだ多品種陳列が行われています。

　なお、POS（ポイント・オブ・セールス：販売時点情報管理）システムの進化により、売れ筋商品の把握は進んでいるのですが、死に筋をすべてなくすと生活必需品もなくなるといった別の問題が生じるため、商品構成の構築には特有のむずかしさがあります。

　在庫の絞込みが徹底しており、売上げは現金売上げが主流であるため、運転資金需要はあまりありません。

　資金需要としては開店時が最も大きく、土地を除いても3,000万～4,000万円程度の設備資金が必要となり、返済資金はその後の売上げによる営業

キャッシュフローに求めることになります。

h　スーパーマーケット

スーパーマーケットは総合スーパー（GMS）、食品スーパー、医療品スーパーなどに大別されます。

このうち食品スーパーは消費増税後の反動減をクリアしていますが、他の業態のスーパーは苦戦しており、売上減に直面しています。

食品スーパーでは消費者の節約志向の高まりから、食材を買って料理する人が増えているため、消費増税後さらに業績を伸ばしています。

スーパーマーケットでは、サプライチェーンマネジメントにより、メーカー、問屋、小売りといった「製、配、販」が共同して商品、情報、資金の流れを改革し、適品・適価・適量・適時体制をトータルに構築できているかがポイントです。

在庫管理による廃棄ロスや値引きロスの改善、人件費等の販売管理費の圧縮、商品構成の随時見直しや不採算店舗の早期のスクラップ化などが経営改善の中心になります。

さらに最近ではインターネット経由で注文を受け付ける「ネットスーパー」が普及していますが、配送費がネックとなって赤字となっている例も多く、効率性から対象となるエリアを絞ることが必要になっています。

資金需要としては、開店時の設備投資資金のほか、POSシステムの構築資金などがありますが、売掛サイトと在庫よりも仕入サイトが長い場合も多く、運転資金需要はほとんどありません。

i　酒類小売業

酒類小売業では酒類小売業免許を受ける必要がありますが、現在では過去に酒税法違反がなく、経営基盤が薄弱でないという「人的基準」を満たしていれば、だれでも免許を取得して酒類販売ができるようになっています。

この免許制度の規制緩和に伴い、コンビニエンスストア、スーパーマーケット、ドラッグストア、インターネット通販のほか、全国チェーンを展開

する大手量販店等との競合が激化しており、そのなかで生き残るためには個性・特徴のある品ぞろえなど「量から質へ」の転換が必要となっています。

具体的には、ターゲットとなる中心顧客の絞込みと、その顧客に向けた商品の絞込みです。

たとえば焼酎であれば、何でもそろうといった特色をもたせることです。

酒類の酒税法上の分類は、ビールなどの発泡性酒類、清酒や果実酒などの醸造酒類、焼酎やウイスキーなどの蒸留種類、およびその他の混成酒類に分かれています。

特に焼酎は生産、消費ともに数量面では増加傾向にあり、一部では手に入らない「幻の」焼酎も生まれています。こういった希少性のある商品はプレミアム価格で売買されていて、商品知識や仕入ルートの確保が課題となります。

仕入れは系列化の進展により流通経路が簡素になってきていますが、取引している卸売業者の品ぞろえや価格に自店の経営が影響を受けやすい点に注意が必要です。

仕入れは掛仕入れである一方で売上げは現金売上げが多いのですが、業務用の場合は売上げも掛売上げが多く、かつサイトも長いため、運転資金需要が発生します。

設備資金としては、店舗・倉庫の改装資金、車両、冷蔵庫や陳列ケースなどの購入・更新資金等がありますが、これらは営業キャッシュフローが返済財源となります。

なお借入金の担保として、最近は酒類在庫や売掛債権等を対象にする、いわゆるABL（アセット・ベースト・レンディング：動産・売掛金担保融資）を用いる例も出てきています。

ｊ　居　酒　屋

現状では市場規模が縮小傾向にありますが、一方で新規参入は続いており、既存企業と新興勢力との激しい競争が繰り広げられています。

店のコンセプト(メニュー構成や価格設定、顧客層、店舗内装等)、立地条件(エリアの特性、商圏等)や店舗ごとの計数管理(損益や客単価等)が適切であるかどうかにより、ここでも業績の明暗が分かれています。

一時期は徹底した低価格化路線が支持を集めましたが、最近ではそれにも限界が来ているようです。

低価格化は標準メニューとセントラルキッチン、アルバイト店員の活用によるものですが、大手チェーン店ではPOSシステムを利用して顧客の属性や嗜好を把握することで、適宜メニュー構成に反映させています。

従来型のチェーン店では30~50坪程度の店舗が普通でしたが、効率化や集客力の強化のため一部では150~200坪程度の大型化も進んでいます。

販売促進としてはチラシやティッシュの利用は減少し、インターネット上の広告や「ぐるナビ」などのサイトへの掲載などが中心になってきています。

日本政策金融公庫「小企業の経営指標2014」における「酒場、ビヤホール」によると、収益性の指標としては、黒字かつ自己資本プラス企業平均で売上高総利益率(粗利率)は71.0%、売上高営業利益率は3.2%程度となっています。

資金需要としては現金売上げが中心であり、売上債権回転期間は0.2カ月程度となっています。

また、仕入れは月末締め翌月払いといったものが一般的であるため、運転資金需要はほとんど発生しません。

一方で設備資金としては、新規出店や店舗の改装、火力を使用する調理場の改修等による資金需要があります。

k ペットショップ

ペット業界は、はやりすたりの激しい業界で、飼育される動物は時代により流行があり、サービスの面でも次々に新しいサービスが生まれています。

また、近年では動物を単にペット(愛玩動物)とみるのではなく、家族の

一員（コンパニオンアニマル：伴侶動物）としてみるようになってきています。

　動物、フード、用品等ペット関連の市場規模は1兆円を超えてきており、ペット保険やテーマパーク、専門雑誌などの関連業界も生まれています。

　人気があるのは犬、次いで猫となっており、両者に共通の傾向として、①小型化、②室内飼い、③高年齢化といった特徴がみられます。

　これ以外にも観賞用魚、熱帯魚、小鳥、フェレット等の小動物も依然として人気があります。また全体としては、大きく輸入に頼っています。

　関連法規としては「動物の愛護及び管理に関する法律（動物愛護管理法）」があり、事業所ごとに「動物取扱責任者」の設置と都道府県による研修の受講が義務づけられています。

　資金需要としては、動物の管理・飼育資金として2カ月分程度の運転資金が必要となり、設備資金としてはゲージや温度管理設備、温度を一定に保つ空調管理設備、防臭・防音対策の設備も必要となるため、設備資金が多額になるのが特徴です。

4 システム開発業

(1) 全体の業況

全体として特に流通や金融、情報通信の分野でのシステム開発の需要が伸びており、この業界への投資額は堅調に推移しています。

また、ビッグデータの活用も本格化し、分析方法の改良も進んでいます。

システム開発業はシステムインテグレータ（情報システムの企画から構築、運用までに必要なサービスを一括して受託する事業者）を頂点とした重層構造になっており、上位の事業者は経営が安定している一方で、下位になればなるほど単価も安くなり経営が困難になっています。

また、システムインテグレータの市場には独占的な企業は存在しておらず、大手企業数社による弱い寡占状態になっています。

(2) 業種の特徴

業種の特徴としては、建設業と同じくピラミッド型の重層構造となっている点があげられます。

建設業との相違は、重機等の大規模な設備を特に必要としていないため、パソコンと机だけの中小業者が無数に存在しており、新規参入も多い点です。

下請けさらには孫請けになると、元請けが受注した当初の単価が3分の1程度になっていることも決して珍しくありません。

また、コンピュータのハード以外は人件費や外注費がコストの大部分を占めている点も、大きな特徴となっています。

なお、顧客の検収と製品の納品によって入金となるケースが多いため、人件費や外注費の支払とのタイムラグが生じやすく、運転資金需要が発生します。

　設備資金は自前のサーバーなどをもつ場合や、開発拠点を広げる場合等に発生します。

(3) システム開発業におけるKFS

　目にみえないソフトウェアが対象であるため、技術水準の高さやユニークさといった、ほかにはない要素があることが成功のカギです。

　したがって、目前の仕事をこなすだけでなく、技術面での継続的な研究開発も必要になります。

　日進月歩の業界であるため、最新の技術も瞬く間に陳腐化しており、システムエンジニアの30歳定年説が囁かれるゆえんとなっています。

　ここでカギとなる技術領域としては、たとえば以下のようなものがあります。

a　RFID（Radio Frequency IDentification）

　微細な無線チップを使って、人間や商品を識別したり管理したりする仕組みのことです。生産や物流だけでなく、環境や安全にも応用されています。

b　オープンユースソフトウェア

　Linuxに代表されるオープンユースソフトウェアについては、これまではOS等での利用が主流でしたが、ミドルウェアやフレームワーク、業務アプリケーションの領域でも利用が広がっています。

c　情報セキュリティ

　特に個人情報保護、ウイルス・スパイウェア対策、ウェブアプリケーションセキュリティの3点が大きな課題になっています。

d　クラウドコンピューティング

　クラウドコンピューティングとは、インターネット経由で必要に応じて

サービスを利用する手法です。

これが注目されている背景には、「ITの所有から利用へ」という考え方が広がっている点があります。

e　アジャイルソフトウェア開発

短い反復を繰り返すことで、リスクを最小化しつつ、迅速に開発することを目的としたものがアジャイルソフトウェア開発です。

なお、経営管理上は人件費と外注費の管理がポイントになるため、従業員の顧客先への常駐化や迅速なクレーム処理の徹底など、人の稼働率を上げることが課題になります。

また、品質管理上は従業員の関連資格取得の奨励や、ISO規格の認証を受けることなども考慮するべきです。

(4) システム開発業の経営分析指標

ここでポイントとなる経営分析指標には、以下のものがあります。

a　従業員一人当り売上高

$$従業員一人当り売上高 = 売上高 / 従業員数$$

システム開発はきわめて労働集約型であるため、一人当り売上高がより重要となります。

これを高めるためには継続的に仕事を受注しなければならず、システム開発能力だけでなく仕事をとる営業能力も必要となります。

b　売上高人件費比率

$$売上高人件費比率 = 人件費 / 売上高 \times 100 \ (\%)$$

売上高に占める人件費の割合です。

これが急速に高まっている場合は危険シグナルです。

人件費は売上高に比例しない固定費であるため、売上高が減少すると、必然的にこの比率は高まることになります。

c 売上高外注費比率

> 売上高外注費比率＝外注費／売上高×100（％）

建設業と同様に外注に出しているケースでは、外注費は人件費と切り離して考える必要があります。

外注費は人件費と異なり変動費と考えてよいのですが、人手不足からこの比率が上昇傾向にある場合には、大きな利益圧迫要因になります。

d 受注残

受注残も建設業に似ているために重視されています。

人件費は固定費となることから、将来にわたって継続的な仕事があるかどうかが、重要なポイントになります。

業界大手の㈱エヌ・ティ・ティ・データ（連結）について、主だった指標をみておきましょう。

（単位：千円、％）

	平成25年2月期	平成26年2月期
① 従業員一人当り売上高	20,031	17,054
② 売上高人件費比率	11.0	11.5
③ 売上高外注費比率	27.1	27.0
④ 受注残	1,140,296	1,341,433

人件費は売上原価と販売費および一般管理費に含まれた額を集計しています。

> 企業再編直後のため業績の踊り場を迎えていますが、受注残の二桁増加もあり、今後に期待できる状況です。

ここで、ソフトウェア開発業の売上原価明細書をみておきましょう。

売上原価明細書では委託費の比率が高くなっていますが、内容的には委託先で発生した労務費がその大部分を占めています。

個別原価計算とは、プロジェクトごとに発生した原価を集計する方法です。

(5) システム開発業での粉飾決算

システム開発業では、対象となるソフトウェアが無形であることから、さまざまなケースの粉飾決算がみられます。

売上取引が本当に存在するのか、あるいは金額が妥当かどうかなどは、ソフトウェアの内容や水準次第なのですが、外部からは制作状況やその水準、

㈱エヌ・ティ・ティ・データの売上原価明細書

区 分	前事業年度 自 平成24年4月1日 至 平成25年3月31日 金額（百万円）	構成比 （％）	当事業年度 自 平成25年4月1日 至 平成26年3月31日 金額（百万円）	構成比 （％）
1 直接費				
材料費	46,135	7.4	37,295	6.0
労務費	46,592	7.4	51,116	8.2
委託費	319,952	51.0	331,606	53.4
経費	202,366	32.3	189,713	30.6
2 間接費	11,984	1.9	11,279	1.8
当期売上原価	627,031	100.0	621,011	100.0

(注) 原価計算の方法……当社は、個別受注によるデータ通信システムの開発等を行っていることから個別原価計算を採用しております。

　　なお、労務費および間接費については予定原価を適用し、期中に発生する原価差額については期末において調整計算を行っております。

完成度等を確認するのは困難です。

　さらに検収のつど、売上げを計上している場合には、顧客の要求水準を満たしているかの判断は、これも顧客との共謀により恣意的に操作されるリスクがあります。

　イメージとしては建設業界に近く、作業開始後に契約書が取り交わされたりすることや、プロジェクト間の原価の付替えもあること、外注費を多額に支払い、その後に裏金としてプールするケースがあることなども建設業とよく似ています。

　システム開発業では、特に循環取引による粉飾決算が多いのが特徴です。

　循環取引には2社でお互いに売上高や固定資産の売却益を計上し合う場合や、3社以上が取引に参加して次々に転売し、最終的には商品等が自社に戻ってくる場合などさまざまなパターンがあります。

　循環取引の基本的な類型としては次の三者がありますが、これ以外にも後記(6)の実際の事例にみられるように、応用パターンがあることもその発見をむずかしくしています。

　a　クロス取引

　クロス取引とは、2社間において商品や固定資産等を、お互い相手先に販売する取引です。

　取引の対象は何でもよく、要するにお互いの資産が相手先への債権に変わり、利益相当額が上乗せされる結果、双方に利益が計上されます。

　特に相互に手形売上げを計上した場合には、商取引のかたちをとりながらも実質的には融通手形取引に等しく、手形を割り引くことでお互いに資金融通を図ることが可能となります。

　クロス取引では、実際にはお互いに対して債権債務が両建てとなっていることから、売上げや固定資産の売却等による利益は実現しておらず、利益を認識することはできないとみるべきです。

第2章　業種別経営分析　127

b　Uターン取引

Uターン取引とは、自社が売り上げた商品等が相手先から、あるいはそこからさらに第三者を経由して自社に戻ってくる取引です。

参加する会社は同じ業界内であることが多いため、いわゆる仲間取引といわれています。

Uターン取引は業種的にはシステム開発業以外にも、不動産業や水産業、宝飾品業界などでずいぶん前から行われています。

この取引では商品等が戻ってくるまでは、モノやソフトウェアを担保にして資金融通（つまり借入金）を受けている状態であり、クロス取引と同様に売上げや利益が実現しているとはいえません。

したがってUターン取引では、簿外の借入金（短期の場合には預り金）をつくることになります。

つまり、実際になされた仕訳は、

（借）現金預金	（貸）売上高

ですが、本当は

（借）現金預金	（貸）借入金（または預り金）

となります。

戻ってきた商品は、再度商品として投入される場合もあれば、固定資産として計上される場合もあり、一筋縄ではいきません。

また対象となるのは知的財産権等の権利や、ソフトウェアのように目にみえない無形資産のケースもあり、むしろそのケースが増えています。

特に販売後のエンドユーザーが不明の場合は、Uターン取引の発生の可能性が疑われます。

c　スルー取引（帳合取引）

　スルー取引とは、商品を伝票上で仕入れると同時に売り上げる取引です。

　ただ単に帳簿上を通り過ぎるだけの取引であるため、スルー取引と呼ばれています。

　また、取引先と帳簿尻だけをあわせるため、帳合取引ともいいます。

　仕入れ後の売上げの際にはマージン（利益）を上乗せするのですが、商品が実際に当社を経由することはありません。

　スルー取引は商社的な取引であるともいえますが、仕入先と得意先の間に入るリスクや機能が不明な場合も多く、マージン（利益）を上乗せする根拠が希薄なのが通常です。

　これらの循環取引の特徴として、注文書、契約書、請求書や領収証等の証憑書類は整っている点や、取引の相手方が架空ではなく実在している点、さらには資金的な決済が行われている点があげられます。

　そのため、一見しただけでは正常な商取引のようにみえるため、その発見がむずかしいわけです。

　しかもソフトウェアのように目にみえないものにどのような価値があるのか、その評価は困難を極めます。

　ここでは法律上の形式を満たしていても、それが経済的な実態を表しているとは限らない点に注意しなければなりません。

　これをチェックするには、ユーザーからのクレームのリストなどによる最終ユーザーの確認や、ソフトウェアの設計書・開発記録・操作マニュアルの確認、さらには納品時の社内および納品先のテスト報告書、障害対応報告書など、通常あるべき書類が存在していることとその内容を確認することが必要です。

　また、循環取引をトップの経営者が主導している場合には、内部統制はまったく機能せず、いくらでも無制限に売上げが計上されてしまいます。

　循環取引は往々にしてトップの経営者がワンマンであり、他の役員はすべ

てイエスマンである場合や、経営者から従業員への売上目標達成のプレッシャーが強すぎる場合に発生しています。

　一方で循環取引は、新規事業を行う新しい事業部門やその会社の中核でない部門など、内部統制の盲点となる部門で起こることがあります。

　その場合には当該部門の売上高が急増するのですが、期末の決算近くで売上高が急増するのが普通です。

　期末近くの金額的に重要かつイレギュラーである取引は、それだけで粉飾の疑いがあります。

　これについては月次決算を逐次確認し、期末近くでの売上げの急増があれば、押込販売であるか循環取引である端緒を見抜くことが可能です。

　それに加えて、その場合は当該部門における売上債権の回収が遅延したり、買戻しによりたな卸資産が急増したりする結果、各種の回転期間・回転率が不自然に動きます。

　また売上げが架空である場合に、それに比例して売上原価を増加させることはかなりむずかしく、売上げだけが増加して売上原価が変化しない場合には、売上げがそのまま利益となるため、売上高総利益率が急上昇することになります。

　つまり恣意的な会計処理の操作を行っても、勘定科目間の相互の整合性がとれていないために、各種の財務比率が不自然に変化するわけです。

　たとえば利益率が90％超であるなど、異常に高い取引は粉飾の疑いが濃厚です。

　会社側の言い分としては、売上原価相当額は研究開発費としてすでに費用に計上しているといった説明が多いのですが、本当にそうであるかどうかは別問題です。

　ただし、過去の粉飾事例のなかには各種の財務比率の整合性がとれているように工夫しながら循環取引を行っていた知能犯の例もあり、財務比率分析だけで見抜くことができるとは限らず、その手法にも限界はあります。

またシステム開発の粉飾は、循環取引によらずに単に仕掛品を過大に表示する単純な粉飾もあり、仕掛品の評価次第で利益の調整が無制限に可能です。

　これについては仕掛品の評価額と原価工程表による原価の累積額との整合性を確認するべきですが、これも実際に粉飾を見抜くのは至難の業です。

(6) 倒産会社の事例

　それではシステム開発業の倒産事例として、ニイウスコー㈱の事例をみておきましょう。

　ニイウスコー㈱の事例は、粉飾決算の一種である循環取引とはどのようなものかを理解するには最適です。

　ニイウスコー㈱は平成4年に、日本IBM㈱と㈱野村総合研究所を母体として設立されました。

　平成18年6月期の売上高は772億円、従業員数874名の東証一部上場会社であり、三菱東京UFJ銀行のシステム統合作業を手がけるなど、業界では羨望の的となっていました。

　しかし平成17年6月期および平成18年6月期の連結決算において、実態のない循環取引を繰り返すことによって、2年間で売上高を274億円水増しすることで経常利益114億円を過大に表示した有価証券報告書を関東財務局に提出したことにより、金融商品取引法違反の罪で、同社元会長に対して平成23年9月20日に横浜地方裁判所は懲役3年、罰金800万円の実刑判決を言い渡しています。

　ニイウスコー㈱では事件が明るみになった段階で社内調査委員会を設け、平成20年4月30日付で調査報告書を提出し、同社は同日付で裁判所に民事再生手続の開始を申し立て、受理されました。

　なお、同年6月1日には東証二部上場廃止となっています。

　以下の四角囲みは上記調査報告書の抜粋であり、発見された不適切取引の

内容は多岐に及びますが、これを分類すると主に以下の五つのパターンに分類されます。さらにこれについての解説を加えています。

a　実体のないとみられるスルー取引

> 実体の無いとみられるスルー取引は、いわゆる循環取引と共通するところがあり、外形的には証憑書類が揃っており通常資金決済も完了していることから、事情を知る関与者以外の者が不正取引であることを見破ることはかなり困難ではあるが、本調査において、実体の無いとみられるスルー取引が認められた。
> これら実体のないと見られるスルー取引については、当該取引に関わる売上高を取り消し、売上総利益を営業外収益に振り替えることにより、総額計上から純額計上に変更している。

スルー取引

［帳簿上］

A社 　→　仕入れ　→　ニイウスコー　→　売上げ　→　B社

［実質上］

A社 　→　B社

【解説】

これはスルー取引（帳合取引）の典型例です。

スルー取引とは、文字どおり帳簿上だけを通り過ぎる取引であり、実体がないものです。

調査報告書における修正では、スルー取引は実体がない取引であるため、売上高と売上原価を取り消して営業利益から取り除き、売上総利益相当額を手数料相当額として営業外収益に計上しています。

なお、経常利益や当期純利益には影響ありません。

b　粗利益５％以上を計上したセール＆リースバック取引

> 本調査では、より一層厳格かつ保守的な会計処理を行うという観点から、金額が僅少なものを除き、本来あるべき処理に修正した。
>
> こうした会計処理はセール時点で一時に利益の計上が先行して行われる一方、その後のリース料の支払に応じて徐々に費用計上が行われるため、計上した期の利益が実態に対して過大になる。
>
> そのため、これらセール＆リースバック取引については、当該取引に伴う売上高を取り消し、売上利益部分をリース期間にわたって徐々に実現させていく形に修正している。
>
> ただし、これらの案件に関しては、営業担当者には不正の意図はなく、会計基準の認識・理解不足から生じたものであると認められる。

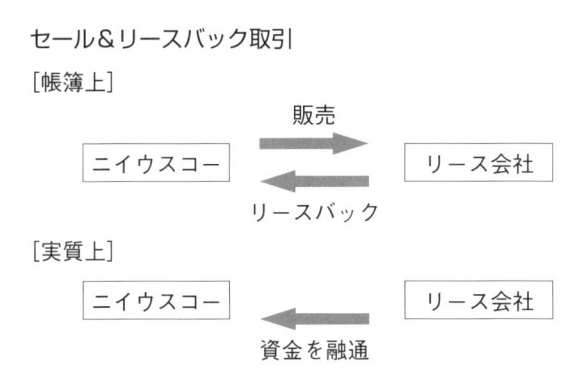

セール＆リースバック取引

［帳簿上］

　　　　　　　　　販売
　　ニイウスコー　→　リース会社
　　　　　　　　　←
　　　　　　　リースバック

［実質上］

　　ニイウスコー　←　リース会社
　　　　　　　資金を融通

【解説】

セール＆リースバック取引は、売却と同時に売却先からリースで賃借する取引ですが、実質的には担保の差入れにより融資を受ける資金取引・金融取引です。

しかし会計処理としては、借入金処理ではなく通常は利益部分をリース期

間にわたって徐々に実現させていく会計処理を行います。

　不正の意図はなかったにせよ、会社では売却時に売上げを認識し、利益を計上していたため、それを改めたものです。

c　リース契約（会社）を利用した不適切な循環取引

　売上利益の獲得、または損失計上の回避を目的として、滞留在庫、他のプロジェクトで経費計上していなかったSE作業コスト、自社における設備投資物件に関わる製品等を売上原価として、いったん売上計上し、売却先または転売先経由で、会社がリース会社からリース資産または買取資産として計上するスキームである。

　また、会社の代わりに、取引先がリース会社とリース契約を締結し、会社と取引先は別途サービス契約を締結して、リース料に見合うサービス料を支払うというスキームも見うけられる。

　これらの循環取引は通常の営業取引ではなく、販売に伴う入金とリース料の支払は資金取引と考えるのが妥当である。

　従ってこれら循環取引については、当該循環取引に伴う売上高を取り消すとともに、資金の入金時にはリース未払金（負債）の計上を行い、リース料相当額の資金の支払が行われる際に当該リース未払金を取り崩す会計処理に修正している。

セール＆リースバック取引の応用

[帳簿上]

ニイウスコー →販売→ A社 →販売→ リース会社
ニイウスコー ←リースバックまたは買取り← A社

または

ニイウスコー →販売→ A社 ⇅リースバック⇅ リース会社
ニイウスコー →サービス料支払販売→ A社

[実質上]

ニイウスコー ←資金を融通← リース会社

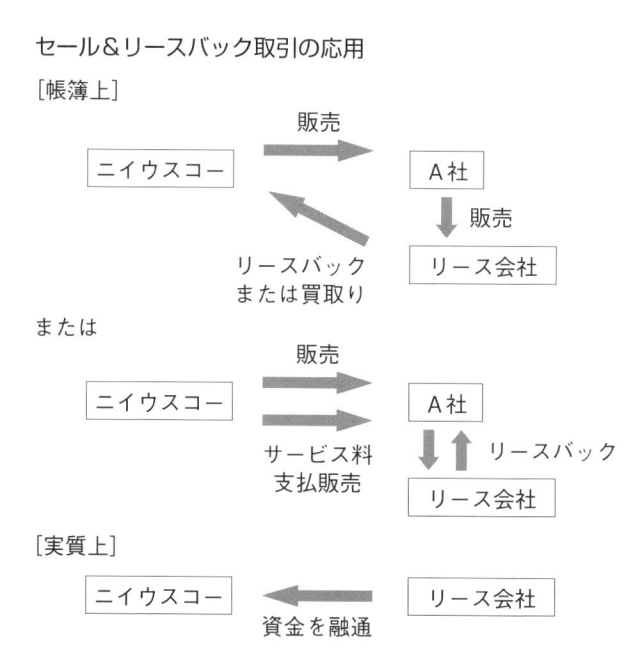

【解説】

これは先ほどのセール＆リースバック取引より複雑で、かつ悪質です。

資産の売却先または転売先からリース会社がこれを買い取り、その後当社がリース会社からリースまたは買い取るスキームです。

内容的には迂回融資ならぬ、迂回リースバックです。

先ほどは単に知識不足という説明でしたが、こちらはそれはありえず、確信犯といってよいでしょう。

資産の売却先からさらにリース会社へ転売されている点が循環取引たるゆえんですが、これを見抜くのは至難の業です。

さらに資産の売却後に自社でリースバックするのではなく、身代りとして取引先においてリースバックを行い、その対価に充てるため取引先に対してサービス料を支払うといったスキームまであります。

リース会社に売却してからリースで借りる単純なセール＆リースバック取

引の場合には、売上げの計上が禁止されていることから、これを逃れるための潜脱手段として第三者を介在させたものです。

　こういった取引は法律上の形式によって判断することなく、経済的な実態によってその実質を判断しなければなりません。

　したがって、これらはすべて正常な商業取引ではなく、担保を差し入れて資金を調達する資金取引・金融取引とみなすのが妥当です。

　このため、会計処理は入金時に、

（借）現金預金　　　（貸）リース未払金

の処理を行い、支払時に、

（借）リース未払金　　　（貸）現金預金

として、損益に影響させない処理に修正しています。

d　売上げの先行計上とその後の失注処理、買戻しによる循環取引

> 売上の計上基準を満たしておらず、実際には販売先が「預かって」いる状況にも係らず、先行して売上を計上した取引において、結果として販売先と成約に至らなかった場合に、会社は売上の取消しを回避するため、別の転売先を見つけ、最終的には、製品名称を変更するなどして、この転売先もしくは複数の転売先を経由した後に、会社が買い戻すスキームである。
>
> 前述の通り、これら循環取引は売却先への売上が実現していないにもかかわらず、決算上は売上を計上していたというものであり、本来は販売に伴う入金は資金の預かり、買戻しに伴う支払は預り金の返済であると考えるのが適切である。

従って、これら先行売上に伴う循環取引の事例では、当該取引に基づく売上高を取り消すとともに、資金の入金時には預り金（負債）の計上を行い、資金の支払（買戻し）時には、当該預り金を取り崩す会計処理に修正している。

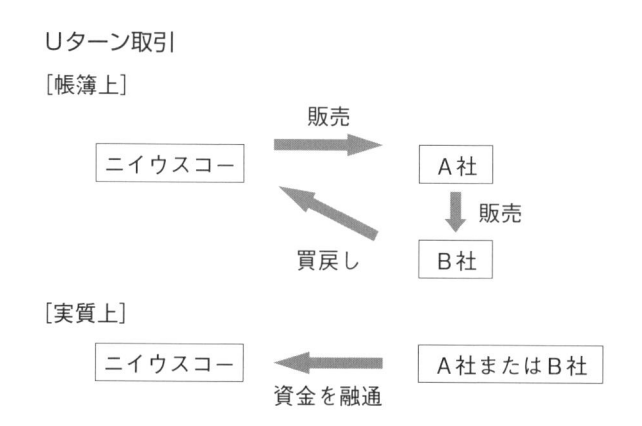

Uターン取引

［帳簿上］

ニイウスコー →販売→ A社 →販売↓ B社 →買戻し→ ニイウスコー

［実質上］

A社またはB社 →資金を融通→ ニイウスコー

【解説】

これがUターン取引です。

販売した商品が、第三者を経由して自社に戻ってきています。

その際には製品名称の変更などがあり、戻ってきたのかどうかが簡単にはわからないようにしています。

この取引も、売上げと利益は実現していないため、単に融資を受ける資金取引・金融取引です。

したがって、商品の販売時には、

（借）現金預金　　（貸）預り金

の処理を行い、商品の仕入れ時には、

(借) 預り金　　　（貸) 現金預金

とする処理に修正しています。

 e 不適切なバーター取引による売上げ

  自社保有のライセンス商品等を、市場での実際の水準から嵩上げされた価格で相手方に売却し、相手方または転売先から別の商品を購入する取引であるが、相手方への当該自社製品の売却が実需に基づいておらず、売却した商品の価格の嵩上げ分が購入する別商品の価格に上乗せされる、というスキームである。

  前述の通り、これら不適切なバーター取引により、販売時に嵩上げされた売上利益が計上され、一方で仕入商品はその商品の実際の価値よりも高い評価額で貸借対照表上に計上されてしまう。

  これらバーター取引は通常の営業取引ではなく、出荷に伴う入金は資金の預かり、別の商品の購入に伴う支払は預り金の返済であると考えるのが適切である。

  従って、これら不適切なバーター取引の事例では、当該取引に伴う売上高を取り消すとともに、資金の入金時には預り金（負債）の計上を行い、資金の支払（別の商品購入）時には預り金を取り崩す会計処理に修正している。

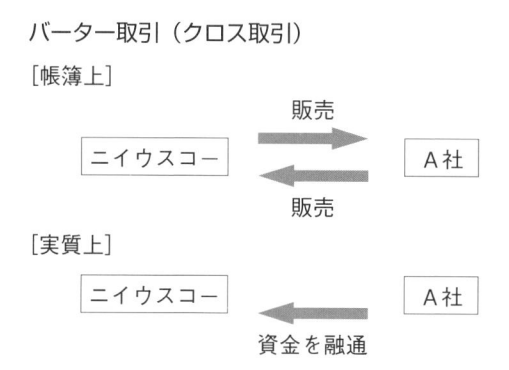

バーター取引（クロス取引）

[帳簿上]

ニイウスコー ⇄ A社
（販売／販売）

[実質上]

ニイウスコー ← A社
資金を融通

【解説】
　ここではバーター取引と呼んでいますが、分類上はクロス取引の一種です。

　したがってニイウスコー㈱ではクロス取引、Uターン取引、およびスルー取引がすべて行われていたわけです。

　循環取引が行われている場合には、このように複数のパターンで取引が行われている場合がほとんどです。

　したがって循環取引が一つ見つかった場合には、他の手法によるものもあると考えなければなりません。

　このバーター取引では、当社が上乗せした利益相当分が仕入金額に上乗せされていましたので、貸借対照表上は商品が評価増しされ、損益計算書上は同額の売上総利益が計上されています。

　報告書では、実際にはこの売上総利益は実現したものではないため、商品の販売時に、

| （借）現金預金 | （貸）預り金 |

の処理を行い、商品の仕入れ時には、

(借) 預り金　　　（貸) 現金預金

とする処理に修正しています。

5 ホテル業

(1) 全体の業況

円安に伴う外国人観光客の急増によるインバウンド需要や、ビジネス上の利用の増加や温泉ブームもあり、ホテル業は全体としては活況であるといえます。

しかしながら地域による格差も大きく、地方の温泉旅館では設備の老朽化などにより恒常的に宿泊客が減少している例も決して少なくありません。

また、安価な海外旅行の増加もあり、競争の激化による単価の下落から、黒字から赤字に転落しているホテルはかなりの数にのぼります。

(2) 業種の特徴

ホテル業の特徴としては、多額の設備投資を必要とする装置産業であることや、これに伴う減価償却費、さらに人件費や支払利息といった固定費が重い業種であることがあげられます。

したがって損益分岐点が高く、わずかな売上高の減少により多額の損失が発生する構造となっています。

また、ホテル業の三大要素と呼ばれる「施設、料理、サービス」全般において、顧客満足度が高いことが生き残りの条件となっているため、それらの全体のバランスも必要とされています。

さらに従来と比較して、会社や自治会といった慰安目的の団体客の減少と、グループや個人単位の宿泊客の増加による営業効率の低下、同業社の過当競争による価格の下落といった傾向も顕著に表れています。

(3) ホテル業のKFS

ホテル業では、客単価を下げることなく客室稼働率を一定に保つことが成功のカギです。

薄利多売による営業では大手資本に対抗することはできないため、個性や特色、要するにそのホテル独自の「売り」が必要となります。

一つには顧客層を絞り、そこに焦点を当てて差別化を図ることがあります。

たとえば東南アジア旅行客向け、さらに特定の国からの旅行客向けにその国の言語で案内板を表示し、ホテルのスタッフは、その国の言葉で日常会話程度はできるようにすることも考えられます。

具体的に、北海道のあるホテルには、オーストラリアからの旅行客が殺到しており、日本人旅行客よりも比重が高くなっています。

また、福岡のあるホテルは韓国に近い地理を生かして、韓国人観光客のあっせんに力を入れており、ものの見事に功を奏しています。

あるいは客層を高齢者に絞り、高齢者向けに特化してバリアフリー化を図り、温泉を利用することで高齢者の生活習慣病の療養に特化しているケースもあります。

温泉地では、客室がほぼ満室となっているホテルがある一方で、すぐ隣に廃館となり荒れ果てたようすのホテルもみかけますが、この差は単に設備の良し悪しだけではなく、料理のおいしさや顧客対応の良し悪し、すなわち「おもてなし」といったソフト面に起因しているケースが多いものです。

楽しい思い出ができれば「また、来よう」となりますが、嫌な面が一つでもあれば「もう二度と、来たくない」となるからです。

ソフト面の充実によってリピーターになってもらえば、旅行代理店等に多額の手数料を支払うこともなく、さらには広告宣伝費も必要なくなります。

要するにホテル業では、顧客にファンになってもらう「ファン化」を図る

ことが重要です。

このためには顧客管理を徹底し、顧客情報をデータベース化するとともにそれを営業活動に活用するなどの努力が必要です。

それだけではなく、経費のなかの人件費の占める割合が高いことから、地元のアルバイトを使って午前2時間働きいったん帰宅後、午後2時間働くといったこまめな時間管理を行うなど（実際に温泉旅館では多い）、設備や客室だけではなく従業員の稼働率を高める工夫も考えなければなりません。

(4) ホテル業の経営分析指標

ポイントとなる経営分析指標には、以下の比率があります。

a 年間客室稼働率

年間客室稼働率＝年間稼働客室数／年間稼働可能客室数×100（％）

ホテル業界では、この年間客室稼働率が最も重視されています。

ポイントは季節や曜日による稼働率の差をいかに小さくするかであり、閑散期には宿泊料を値引いたり、団体割引を行う、あるいは他のサービスを付加するなど、さまざまな工夫が必要です。

b 売上高GOP（営業総利益）比率

売上高GOP（営業総利益）比率＝営業総利益／売上高×100（％）

営業総利益（Gross Operating Profit）とは、ホテルの売上高（飲食や宴会部門等も含む）から飲食等の原価と人件費や広告宣伝費等の経費（減価償却費や支払利息等の資本費は含まず）を差し引いた利益です。

この利益概念は、業界内の各種契約書に盛り込まれることが多いこともあり、世界的に普及しています。

この比率が20％あることが一応の目安となっていますが、大手を除いてなかなかそこまで達しないケースが多いようです。

c　売上高人件費比率

売上高人件費比率＝人件費／売上高×100（％）

売上高に占める人件費の割合です。

同業他社と比べて、この売上高人件費比率が高い分だけ売上高経常利益率が低くなる傾向があります。

つまり、財務構造としてはこの比率が経営の良否を決めている側面があります。

人件費は売上高に比例しない固定費であるため、売上高が減少すると必然的にこの比率が高まります。

業界大手の㈱帝国ホテル（連結）について、主だった指標をみておきましょう。

（単位：％）

		平成25年2月期	平成26年2月期
①	年間客室稼働率（本社）	76.9	82.9
②	売上高GOP比率	6.47	6.72
③	売上高人件費比率	30.17	29.78

年間客室稼働率が急速に上昇しており、これに伴って売上高GOP比率も上昇、売上高人件費比率は低下し、業績のよさがうかがえます。

なおGOPは非公表のため、売上高GOP比率は売上高営業利益率で代用しています。

(5) その他関連業種のポイント

それでは、ホテル業のなかでもさらに細分化して、それぞれの業態を理解するうえでのポイントをみておきましょう。

a ビジネスホテル

事業方式としては所有直営方式、フランチャイズ方式、リース方式（賃貸契約により所有者からホテルを賃借した業者が、ホテルを運営管理する方式）、および管理運営受託方式（ホテル運営者がホテル所有者から運営管理を受託する方式）があります。

売上げに相当する宿泊収入は「宿泊単価×客室数×年間客室稼働率」で計算され、いかにして年間客室稼働率（全国平均69.5％、観光庁「宿泊旅行統計調査（平成25年）」）を上げるかがポイントとなります。

ホテル業界全体がそうなのですが、ビジネスホテルも装置産業であり、借入依存度が高く流動比率は低いのが一般的ですので、資金計画やキャッシュフローの把握が重要になります。

また、費用面では人件費の割合が最も高くなるため、人件費の効率化が大きな課題となっています。

b 温泉旅館

近年は温泉ブームではありますが、特に勝ち組と負け組が鮮明になっている業界です。

さらにインバウンド消費と呼ばれる外国人観光客の急増が顕著であり、その恩恵にあずかっているかどうかも、業績に大きく影響しています。

宿泊予約による売上げ全体の半分以上は一般的な旅行代理店経由の売上げであり、大口団体客でそれが顕著です。

これは客室稼働率の確保の面からはよいのですが、旅館に対する低価格料金の要請と、代理店への支払手数料の負担が重いため、採算面では問題があります。

これ以外にインターネットによる直接予約やインターネット専用の旅行代理店が増えていますが、現在のところ後者は支払手数料が低いため、利用価値が高いものになっています。
　これらのなかでいちばん採算がよいのは直接予約客ですので、特色を出すためのホームページの作成や、検索にヒットしやすい「キーワード」（たとえば「リュウマチに効く温泉」など）の選択が重要です。
　温泉旅館も装置産業ですので、運転資金よりも設備資金需要がポイントになりますが、設備の老朽化に伴うものや、バリアフリー対策などの高齢者の顧客ニーズに伴うものなど、設備資金需要が常時継続的に発生するのが特徴です。
　したがって、借入金が営業キャッシュフローで何年で償還できるか、借入金月商倍率は何倍か、支払利息等対売上高は何パーセントかなどについて十分な注意が必要となります。

6 その他の業種

　それでは、その他の業種のなかをさらに細分化して、それぞれの業態を理解するうえでのポイントと資金需要の発生状況をみておきましょう。

(1) パチンコ店

　パチンコ店業界は1兆円以上の年商をあげる一部大手企業と、その他の地元中堅・中小企業と二極化しており、前者は多額の利益をあげる一方で、後者の経営は徐々に苦しくなってきています。

　オンラインゲーム・スマホゲームの普及や、顧客となる主婦層に対する消費者金融の審査の厳格化などから、パチンコ人口と顧客の一人当り費用は年々減少傾向にあるため、市場全体としては強い逆風が吹いています。

　パチンコ店で特徴的なのは景品交換システムであり、風俗営業法で商品の買取りが禁止されているため、特殊景品を利用した3店方式と呼ばれるシステムにより出玉の換金が行われていますが、このシステムは法的に限りなく黒に近い灰色といわれています。

　このため日本ではパチンコ機器メーカーは金融商品取引所に上場していますが、パチンコ店（ホール）は日本の金融商品取引所に上場していません。

　また、出玉率を調整して粗利率を上昇させると、一見経営上よいようにも思われますが、パチンコ店業界では出玉率のダウンによる顧客数の減少がそのまま売上高の減少につながりますので、利益を出しながら顧客を離さないように出玉率をコントロールすることが経営のポイントになります。

　資金面では台の更新の際には資金需要が発生しますが、通常1年に数回は台の更新を行っており、陳腐化のスピードが速いこともあり、台の更新速度

の確認も重要です。

(2) 有料老人ホーム

　有料老人ホームは、都道府県知事に申請して受理されれば、介護保険の特定施設として指定を受けられます。特定施設として指定を受けた場合は、要介護度別の介護報酬を受けることができます。

　利用者との契約形態は利用権方式、建物賃貸借方式、終身建物賃貸借方式（利用者の死亡をもって契約の終了とするもの）がありますが、そのほとんどである8～9割が利用権方式となっています。

　団塊の世代の高齢化に伴ってその設置の拡大ペースは速まっていますが、有料老人ホームの経営も従来とは異なり、歴史のある施設を除いてアパート経営と同様に立地条件がよくないとむずかしくなってきています。

　なお、入居一時金がある場合は、入金状況と償却状況の把握がポイントになります。

　特に親会社が株式会社であるものや、経営主体が別にあるケースもあるため、資本関係（株主構成）にも注意が必要です。

　財務面では自己資本が少なく、資金調達は長期借入金などの固定負債に依存しているケースが多いことから、長期にわたる借入金の返済計画の妥当性・実行可能性がポイントになります。

(3) 歯　　科

　歯科は個人経営の小規模診療所がそのほとんどを占めており、良質の診療技術とあわせて、患者本位の診療を実施していることが重要です。

　さらに診療の領域で他の診療所と差別化することが求められており、これにはたとえば高齢者歯科（入れ歯や、歯周病・歯槽膿漏といった歯周疾患などが中心）、審美歯科（歯を白くするホワイトニングなど）、レーザー治療、歯垢スケーリング、口腔ケアなどの領域があります。

歯科診療は原則として入院病棟をもたず、医師、歯科衛生士の診療技術を中心に運営するため、労働集約的業種であるといえます。

このため一人当り粗利益（加工高）である労働生産性が重視されるとともに、そのなかでの人件費割合を示す労働分配率が重視されますが、労働生産性の目標は年間で約800万円程度が目安になります。

また、歯科医師は常時新しい医療技術を学びながら医院の経営管理も行わなければならないため、医院内でのスタッフとの役割分担を徹底して、医師の負担を減らすことがポイントです。

運転資金需要としては、毎月発生する人件費や賃借料などがありますが、月商の2カ月分程度であり、あまり旺盛ではありません。

なお、診療設備は現在、そのほとんどがリースによること、比較的「自由診療（患者の自己負担）」が多いことが歯科診療の特徴となっています。

(4) 学 習 塾

これまでは地元系の小規模な塾が多数存在していましたが、少子化に伴い大手学習塾を中心に子会社化や買収による業界再編が起こっています。

現在の流れは教師一人につき1～3名程度を指導する個別指導型が主流になっていますが、教室管理や教材、授業内容などでまだまだ課題があり、生徒の学力アップという質の面で改善の余地が大きいと考えられます。

仕入れのない学習塾の三大経費は人件費、賃借料と広告宣伝費となっています。

特に他のサービス業と比較して人件費の割合が突出しており、人件費管理がコスト管理のポイントになります。

資金的には授業料や教材費は前納制が原則で、毎月一定日に金融機関の口座振替えによることが多いため、資金面では余裕があります。

ただし生徒の減少があると資金ショートがありえますので、生徒数の増減には常に注意しなければなりません。

(5) クリーニング店

　衣料品の素材や洗剤の改良や、電気洗濯機の性能向上による家庭でのクリーニングの普及等により需要は徐々に縮小している一方で、大手クリーニング業者のチェーン店が増加しているため、ここでも競争が激化しています。

　クリーニング店の開店にあたっては、クリーニング業法により都道府県知事に必要事項を届出し、施設の使用前に衛生基準等の検査・確認を受ける手続になっています。

　また、受取りと引渡しのみを行う取次所を除いて、施設には国家資格である「クリーニング師」を置かなければなりません。

　クリーニングには溶剤を使用するドライクリーニング、水洗いによるランドリー、さらに手洗いによるウェットクリーニングがありますが、一般の営業店ではドライクリーニングでの受注が中心になっています。

　溶剤の価格は原油価格に大きく影響され、原油価格の下落はコストダウンになるので経営上はプラスに作用します。

　また、近隣の地域住民に存在を知ってもらうためのPR、クレームに対する適切な対応、しみ抜き技術の向上などが営業上の課題になります。

　財務面では、持込みの場合は前金が普通であり、外交（外交員が各家庭や企業を訪問して集配するもの）は月締めが普通ですが、通常は短期に回収されており資金繰りは特に問題にはなりません。

　一方、店舗や設備については更新需要が発生するため、借入金依存度が極端に高まらないように注意が必要です。

　なお設備については合理化、省力化投資のほか、衣料品の高級化や新素材へ対応するための新規設備投資需要もあります。

(6) 結婚式場

　結婚式場は季節による繁閑の差が激しく、3〜6月および9〜11月の7カ月間で年間結婚式の70〜80％が行われています。また、土曜日および日曜日で80％程度を占めています。

　大都市を中心に主要デパートや駅ビルには結婚式場あっせん（エージェント）の窓口がありますが、あっせん料は披露宴飲食代の7〜8％が相場といわれています。

　婚礼に関する結婚式場側の見込収入は、料理以外の付帯費用はほぼ料理と同額であることから、一般的に「婚礼料理料金×人数」の2倍といわれており、料理の水準と披露宴に参加する人数が大きなポイントになります。

　さらに結婚式場の稼働率を上げるためには、閑散期となるオフシーズンや平日に各種イベントや会議などを勧誘することも必要となります。

　資金需要としては挙式・披露宴代は現金回収が普通であるため、運転資金の需要は特に大きくありませんが、近年は設備の更新サイクルが速まってきており、設備資金の借入返済額が営業キャッシュフローの範囲内であることを確認する必要があります。

(7) 一般廃棄物処理業

　一般廃棄物処理業は市町村長に許可を申請したうえで、施設および申請者の能力が基準に適合し、一般廃棄物処理計画に適合する場合に許可されます。

　なお、産業廃棄物処理業は都道府県知事の許可制となっています。

　一般廃棄物処理業は主に市町村からの委託契約により、かつ指名制なので産業廃棄物処理業者と比べて収益は安定しています。

　ただし、大手物流業者等の新規参入の脅威は続いており、決して安穏としているわけにはいきません。

また、顧客が主に市町村であることから、他社との差別化要因として、地域住民からのクレームとならないよう適切な運搬と処理、安定した経営、コンプライアンス等に関してより厳しい管理が必要です。

なお、財務的には経費中の人件費の占める割合が大きいため、労働分配率の管理が重要となります。

設備資金としては駐車場と車両が必要となるため、定期的に更新需要が発生します。

(8) リース業

国内の経済成長の低迷と円安による中小企業のコスト増により、設備投資意欲はそれほど盛り上がっておらず、厳しい状況が続いています。

平成20年4月の新リース会計基準の適用により、所有権移転外ファイナンスリース取引は原則として賃貸借処理（オフバランス）ができなくなり、売買処理（オンバランス）に移行したため、負債比率が小さくてすむなどのオフバランスのメリットがなくなり、よりいっそうの競争激化を招いています。

このため、リース物件の再販価値や2次リースを見込んだリース料の設定や、メンテナンスや稼働保証を付したリース等、顧客にとって使いやすい商品開発が必要とされています。

リース会社にとっては、リース物件がいわば商品であるため、その取得費用が運転資金として必要となります。

設備資金は自社のIT投資に当たる電算システム投資がありますが、ここではリース債権の管理のほか、顧客管理、リース物件の管理、固定資産税の納税や保険付保等までカバーすることになります。

リース会社はその性質上、借入金依存度が高いのが通常です。したがって借入金利の変動の影響を極力排除する方策を探ることが重要になります。

(9) カラオケボックス

　バブル崩壊後の景気後退局面でもプラス成長が続いていましたが、近年は顧客の減少と低価格化が進んだ結果、平成25年の市場規模は3,960億円（公益財団法人日本生産性本部「レジャー白書2014」）と推計されています。
　事業者は専業が少なく、郊外での土地所有者やパチンコホール業者、貸ビル業者などが中心となっています。
　特に主要顧客である若年層の減少と低価格化が問題となっており、シニアや家族連れなどの顧客層の開拓が課題です。
　さらに飲食部門等の充実により付加価値を増大させ、最新のシステム導入を図り集客力をアップさせることも必要です。
　なお、週末の夕方から夜間は稼働率が高いのですが、平日の昼間は稼働率が極端に低くなる傾向があるため、料金の割引等により設備を遊ばせない工夫が必要です。
　資金需要が発生するのは開業時の設備資金とその後の運転資金ですが、カラオケ機器などのハード面では、一部が買取りでほとんどがリースになっています。
　また、ハードメーカーやソフトメーカーからの指導が開業時から経営のノウハウに至るまで行われるのが通常ですので、資金使途と借入返済の計画は比較的容易に把握できます。

(10) 中小書店

　近年最も経営が苦しくなっている業種です。本によらないインターネットを利用した情報収集のほか、インターネット経由での書籍の購入や電子書籍が普及する一方で、コンビニエンスストアや新古書店の増加等もあり、過当競争となっています。
　書店業界の特色としては、書店の店頭に陳列されている新刊本は原則とし

て返品できるという「委託販売制度」があります。

　委託販売制度での返品の期限は定められていて、週刊誌は45日、月刊誌は60日、書籍は120日以内とされていて、これらを過ぎると買取扱いになり、返品ができなくなります。

　実際に書籍・雑誌の返品は半分弱程度あり、かつその割合は上昇してきています。

　また、出版社が取次会社や書店に対して再販売価格を指示し、それを遵守させる「再販売価格維持制度（再販制）」が独占禁止法の適用除外として認められています。

　この再販制により、書籍販売に関する書店の粗利率は、ほぼ22％に固定されるため、必然的に営業利益率等も低くなっているのが実情です。

　これを打破するため、買取制にして粗利率を向上させる試みもなされていますが、一方で売れ残ることで在庫となるリスクがあるため、その採用はもろ刃の剣といえるでしょう。

　書籍・雑誌の販売状況には季節変動があり、1年のうちで3月が最も販売額が多く、それに次いで2、9、12月が多くなっています。

　資金需要としては、常備寄託等を除いて商品の送品を受ければ仕入資金が発生し、設備資金としては、店舗の改装や万引き防止のためのセキュリティ面での設備導入等による需要が発生します。

⑾　食品卸売業

　食品卸売業は生活必需品を取り扱うことから、景気動向にあまり左右されない業種といわれています。

　しかし、一方で流通業界全体に大きな構造変化が起こっていることから、卸売業を取り巻く環境は厳しさを増しています。

　まず、川下に当たる小売業では、大手のコンビニエンスストアやスーパーマーケットなどのチェーン店に押されて家族経営的な小規模業者が減少して

いるため、これにより卸売業は既存の取引先を失いつつあります。

さらに独自の仕入ルートやプライベートブランド商品をもつ大手小売業者が流通チャネルで主導権を握る動きがあり、その分だけ卸売業者が参入する余地が狭くなっています。

また、中間マージンを除くために卸売業を経由せずに流通経路を短縮する、いわゆる「流通の中抜き」が進んでいて、インターネットを利用した商取引がそれを後押ししています。

こういった環境に対しては、流通の効率化を図るためサプライチェーンマネジメントにより同業者やメーカー、小売業と連携して商品情報等を共有し、データベース化を行い、過去の受注実績を分析して将来の需要を予測するシステムの開発が重要となります。

また顧客となる小売業者に対して、集荷や在庫管理のノウハウや市場動向に至るまで、経営改善のためのアドバイスを行うリテールサポートシステムや、ICタグやバーコードを使って食品を固体やロットごとに管理し、生産・流通の履歴をたどることを可能にするトレーサビリティシステムなども普及してきています。

資金需要としては、他の卸売業と同様に経常運転資金や増加運転資金が発生しますし、季節性の強い商品については季節運転資金が発生します。

さらに顧客である小売業者が経営破綻した場合には、売上債権が回収不能になるため緊急の運転資金が発生します。

設備資金に関しては、配送用車両や倉庫以外にも、情報システムの構築にも多額の資金が必要となることから資金需要は旺盛です。

⑿ 人材派遣業

アベノミクスによる人手不足から、急に脚光を浴びている業界です。

特に技術者派遣とIT関係については、需要が供給を上回っており、時間単価の上昇が続いています。

人材派遣は労働者派遣法に基づき、派遣元と労働者との間に労働契約に基づく雇用関係があるなかで、派遣元と派遣先との間に労働者派遣契約が締結され、これに基づいて派遣元が派遣先に労働者を派遣し、派遣先は労働者を指揮命令するものです。

　なお派遣と請負との違いは、請負の場合には請負業者（派遣の場合の派遣元に相当）の指揮命令に従う点が相違します。

　業務の内容としては、一般派遣事業の場合は「事務用機器操作」が群を抜いて多く、特定派遣事業の場合は「ソフトウェア開発」が最も多く、次いで「機械設計」「事務機器操作」となっています。

　また、下記の点などが近年の労働者派遣法の改正によって従来とは異なっています。

① 　労働契約の期間が30日以内の日雇い派遣は原則として禁止されました。
② 　離職後1年以内の人を、元の勤務先に派遣することが禁止されました。
③ 　派遣元が受け取る派遣料金と派遣元が労働者に支払う賃金との差額であるマージンの割合（マージン率）について、労働者へ明示されるようになりました。
④ 　雇用期間が通算で1年以上の有期雇用の労働者に対して、希望に応じて無期雇用への転換を推進する措置が講じられました。

　運転資金需要としては、顧客となる派遣先からの回収は月末締めの翌月払いが一般的であるため、約1カ月分の人件費相当の運転資金が必要となります。

　設備資金需要としては営業拠点の入居保証金などのほか、情報システムの構築資金などの需要があります。

⒀　美容外科

　近年、脚光を浴びている業界であり、若い女性の間では「プチ整形」が話題になっています。

一方では新規に参入する医師が増加中で、競争激化の様相を呈しています。

　一般の医療は患者と医療機関の間に保険が介在しますが、美容外科はすべて自由診療であるため保険は介在せず自己負担となることから、金額は高額になります。

　美容外科にも病院と診療所の二つがありますが、この違いは20床以上の病床をもち、常時医師を置いて医業をなす場所を病院といい、病床をもたないかまたは19床以下の施設を診療所といいます。

　業界では誇大広告やクレームへの対応から、業界団体として公益社団法人日本美容医療協会が設立されており、臨床経験が6年以上等の要件を満たした適正認定医にはマル適マークが付与されていますので、これを取得しているかどうかが大きなポイントになります。

　会計面では一般の病院・診療所と同じく「病院会計準則」に準拠しています。

　費用構造としては、医師の人件費や最新の医療設備を導入することによる物件費など、固定費の割合が高くなっています。

　なお診療報酬は診療後すぐに回収されるため、運転資金需要はほとんど発生しませんが、医療用設備（リースが多い）や増床、改装などによる設備資金が発生します。

⒁　印　刷　業

　経済産業省「工業統計表（平成24年）」によると、印刷業の事業者数、従業員数、出荷額等はすべて徐々に減少しており、業界全体としては縮小傾向にあります。

　業界には大日本印刷㈱と凸版印刷㈱という、ずば抜けた企業が二つあるほかは、これに続く準大手企業は少なく、そのほとんどが中小企業となっています。

なお印刷業は一般に多品種少量生産で、労働集約的な性格が強く、中小企業に向いているといわれています。

取引条件としては価格以外に品質と納期が重要であり、納期に関連して発注者との間で原稿の校正など密接な連絡が必要であるため、出版社、一般企業、官公庁が集中する大都市圏での立地が有利な都市型産業といえます。

また、一度顧客を獲得すると長期の取引関係になることが多く、特定の優良顧客をもっているかどうかが業績面でのポイントになります。

分野的には定期刊行物等の出版分野、宣伝用印刷物等の商業印刷分野、一般証券印刷等の証券印刷分野、事務用印刷分野、包装印刷分野、精密電子部品等の特殊印刷分野、ソフトサービス分野がありますが、特殊印刷分野とソフトサービス分野を除いて需要が減少してきています。

印刷業は典型的な受注産業であり、そのために設備は必要ですが、紙とインク以外の在庫はほとんどいらないため、運転資金需要はあまりありません。

設備資金については、顧客からの高品質・短納期のニーズに応えるため、減価償却に関する法人税での法定耐用年数の到来前に新規の設備が必要となるのが一般的であり、資金需要は旺盛です。

(15) 食肉加工業

食肉加工品として具体的には、ハム、ベーコン、ソーセージやレトルト食品、デリカテッセンなどがあります。

市場特性としては高級化、低価格化、健康志向化等の多角化が進んでいる市場となっています。

また、製造コストに占める原材料費の比率が非常に高く約6～7割となっていて、原材料市況に左右されやすく、これにより付加価値は低くなる傾向があり、特に最近は原材料高と円安の影響によるコスト増が続いているため、売価への価格転嫁がむずかしい場合には利益への圧迫が懸念されます。

また、季節変動の激しい業界であり、お中元・お歳暮時には売上げが最低でも平月の2～3割増しとなり、1月と2月は逆に2～3割減となります。
　原材料偽装問題等、食の安全についての関心の高まりから業界内で「公正競争規約」を作成し、法で定める必須項目以外の情報の記載を進めています。
　なお食肉加工品についてはJAS法に定められた加工食品品質表示基準により「名称」「原材料名」「内容量」「消費期限または賞味期限」「保存方法」「製造者等の氏名住所」のほか、輸入品には「原産国名」の表示が義務づけられています。
　財務的には、仕入れの支払条件は原料肉の種類や部位によって異なり、また仕入先によっても異なりますが、卸売市場の荷受会社で1週間程度、対商社の場合は1カ月から3カ月程度のサイトが平均的な条件です。
　一方の販売条件としては、売掛サイトは1カ月強が一般的となっており、運転資金は仕入れと販売のサイトのギャップや、市況変化による輸入原材料費の増加により発生します。
　また、機械化投資は合理化・省力化のために不可欠であり、コンピュータの導入も当然必要です。さらに営業所や配送センターの設置などの設備資金の需要も発生します。

⒃　介護老人福祉施設（特別養護老人ホーム）

　「介護老人福祉施設」とは介護保険法上の名称であり、老人福祉法では「特別養護老人ホーム（略称「特養」）と呼ばれています。
　特養は原則として65歳以上の高齢者を対象とした養護老人ホームのうち、介護保険法に基づく都道府県知事の指定を受けて、要介護者に対して介護保険サービスを行う施設で、地方公共団体や社会福祉法人（特区では株式会社も可）によって開設されています。
　施設は入居する要介護者に対して、施設介護サービス計画に基づいて入

浴、排泄、食事等の介護や日常生活上の世話や機能訓練、健康上の管理や療養上の世話をするものです。

施設数と利用者数は年々増加していますが、施設は3年ごとに策定される都道府県の供給量計画に基づいて整備されるため、簡単に開設できるものではありません。

現状では需要の増加に供給が追い付かず、入居待ちの待機者の存在が問題となっています。

施設は利用者へ介護サービスを提供し、その対価として介護報酬を得ることになりますが、利用者の負担は原則として1割で、残りの9割は国民健康保険連合会を通じて市町村から回収します。

なお平成27年8月から、年間の年金収入が単身で280万円以上の人は2割負担となり、夫と専業主婦の妻のモデル世帯では年収359万円以上の人が2割負担となる予定です。

ただし、これについては、一定限度額以上は負担がないように工夫されています。

さらに、従来は要介護1から施設に入居できたのですが、平成27年4月からは新規の入居者については要介護3以上に限定されています。

また、施設が受け取る介護報酬の引下げも予定されており、状況は必ずしも楽観視できないものとなっています。

資金面では保険による報酬は、サービス提供後3カ月後に支払われるため、3カ月程度の運転資金が必要となります。

また、建物・設備の老朽化による改修、増改築資金需要も発生します。

【著者略歴】

都井　清史（とい　きよし）

1960年3月1日生まれ（兵庫県伊丹市出身）
1983年神戸大学経営学部会計学科卒業
1988年公認会計士都井事務所を設立
2005年税理士登録
［著書］
『KINZAIバリュー叢書　粉飾決算企業で学ぶ実践「財務三表」の見方』
『KINZAIバリュー叢書　会社法による決算の見方と最近の粉飾決算の実例解説』
『KINZAIバリュー叢書　ゼロからわかる損益と資金の見方』『コツさえわかればすぐ使える決算書速読・速解術〈第2版〉』『コツさえわかればすぐ使える粉飾決算の見分け方〈第3版〉』『コツさえわかればすぐ使える新しい会計基準』『会社法で中小企業FP業務はこう変わる』『中小企業のための種類株式の活用法』（以上、金融財政事情研究会）
『税理士のための新会社法実務ガイド』『税理士と社長のための中小企業の会計指針実務ガイド』『試験研究費・ソフトウェアの税務』『公益認定申請サクセスガイド』（以上、中央経済社）
『金庫株を活用した事業承継・相続対策』『すぐわかる新公益法人会計基準』『公益法人の税務と会計』（以上、税務研究会）
『公益法人の消費税』（公益法人協会）　ほか

業種別エキスパート　経営分析

平成27年4月10日　第1刷発行

　　　　　著　者　都　井　清　史
　　　　　発行者　小　田　　　徹
　　　　　印刷所　株式会社日本制作センター

〒160-8520　東京都新宿区南元町19
発　行　所　一般社団法人 金融財政事情研究会
　　　　編集部　TEL 03(3355)2251　FAX 03(3357)7416
販　　　売　株式会社きんざい
　　　　販売受付　TEL 03(3358)2891　FAX 03(3358)0037
　　　　　　URL http://www.kinzai.jp/

・本書の内容の一部あるいは全部を無断で複写・複製・転訳載すること、および磁気または光記録媒体、コンピュータネットワーク上等へ入力することは、法律で認められた場合を除き、著作者および出版社の権利の侵害となります。
・落丁・乱丁本はお取替えいたします。定価はカバーに表示してあります。

ISBN978-4-322-12667-9